# 体育卓越发展研究

曹晓明　于洪涛◎著

吉林出版集团股份有限公司
全国百佳图书出版单位

图书在版编目（CIP）数据

体育卓越发展研究 / 曹晓明，于洪涛著 . -- 长春：
吉林出版集团股份有限公司 , 2022.11
ISBN 978-7-5731-2878-2

Ⅰ . ①体… Ⅱ . ①曹… ②于… Ⅲ . ①体育事业 – 研
究 – 中国 Ⅳ . ① G812

中国版本图书馆 CIP 数据核字（2022）第 234591 号

# 体育卓越发展研究
TIYU ZHUOYUE FAZHAN YANJIU

| | | |
|---|---|---|
| 著　　者 | 曹晓明　于洪涛 | |
| 责任编辑 | 祖　航 | |
| 封面设计 | 李　伟 | |
| 开　　本 | 710mm×1000mm | 1/16 |
| 字　　数 | 216 千 | |
| 印　　张 | 10.75 | |
| 版　　次 | 2024 年 1 月第 1 版 | |
| 印　　次 | 2024 年 1 月第 1 次印刷 | |
| 印　　刷 | 天津和萱印刷有限公司 | |

出　　版　吉林出版集团股份有限公司
发　　行　吉林出版集团股份有限公司
地　　址　吉林省长春市福祉大路 5788 号
邮　　编　130000
电　　话　0431-81629968
邮　　箱　11915286@qq.com
书　　号　ISBN 978-7-5731-2878-2
定　　价　69.00 元

作者简介

　　**曹晓明**，女，汉族，出生于 1985 年 11 月，山东龙口人。2003 年毕业于山东师范大学课程与教学论专业，硕士研究生学历。2011 年进入烟台南山学院从事体育教学工作，副教授职称。荣获山东省高校体育教师基本功大赛三等奖，烟台南山学院青年教师教学水平大赛一等奖。科研素养扎实，现有专著两本，在《广州体育学院学报》《鲁东大学学报》等发表论文二十余篇，主持或参与各级各类课题近十项，荣获烟台市第三十四次社会科学优秀成果二等奖。

　　**于洪涛**，男，汉族，出生于 1977 年 5 月，山东省龙口市人，毕业于山东师范大学体育教育专业，硕士研究生学历。2002 年进入烟台南山学院从事体育教学工作，副教授职称。在校工作期间认真严谨，积极提升专业水平，遵循职业道德规范，全面贯彻教育方针，能够保证较高的教学质量。科研素养扎实，先后在《广州体育学院学报》《教育》《中国教师》等刊物发表论文 20 余篇，主持或参与各级各类课题十余项，荣获烟台市第三十四次社会科学优秀成果二等奖。

# 前　言

　　随着我国综合国力的不断提升，建设体育强国成为我国体育事业发展的重要目标。同时，体育强国梦也是中国梦的重要组成部分，是实现中华民族伟大复兴的重要内容。体育文化是一种竞技运动文化，是人类文化的一个重要分支，也是人类创造并积累起来的伟大财富。新时代，如何实现体育强国梦，弘扬体育文化，促进体育强国与体育文化卓越发展，成为所有体育人的奋斗目标。本书聚焦体育强国与体育文化卓越发展，旨在让更多人了解体育强国战略，并为实现体育强国战略和弘扬体育文化做出贡献。

　　本书共七章内容。第一章为体育强国战略理论分析，主要介绍了体育强国的介绍、体育强国的发展背景、体育强国的基本特征和建设体育强国的途径；第二章为文化研究视野中的体育文化，详细论述了文化的定义、特征及结构，对体育文化的构成做了简要分析，介绍了体育文化与人的社会化和体育文化的传播与交流；第三章为体育文化软实力的提升与发展，主要内容为体育文化软实力、现代体育文化发展模式的构建、体育文化软实力提升与发展的策略；第四章为面向体育强国的校园体育文化建设，内容包括校园体育文化的内涵、校园体育文化的发展现状与趋势、校园体育文化的发展与创新和校园体育文化的科学体系建设；第五章为面向体育强国的大众休闲体育文化建设，内容包括休闲体育文化的内涵、休闲体育文化的现状与发展趋势、休闲体育文化价值的实现途径和休闲体育文化的产业化发展探索；第六章为面向体育强国的弘扬与发展民族传统体育文化，内容包括民族传统体育文化的内涵、民族传统体育文化的发展态势和民族传统体育文化体系的构建策略；第七章为面向体育强国的竞技体育文化建设，内容包括竞技体育文化的内涵、竞技体育文化发展的研究现状、影响竞技体育文化发展的主要因素和竞技体育文化的发展方向与途径。

在撰写本书的过程中，作者得到了许多专家学者的帮助和指导，参考了大量的学术文献，在此表示真诚的感谢。由于作者水平有限，书中难免会有疏漏之处，希望广大同行专家和读者朋友予以斧正。

作者
2022 年 6 月

# 目　录

第一章　体育强国战略理论分析 ……………………………………………… 1

　　第一节　体育强国的界定 …………………………………………………… 1

　　第二节　体育强国的发展背景 ……………………………………………… 3

　　第三节　体育强国的基本特征 …………………………………………… 14

　　第四节　建设体育强国的途径 …………………………………………… 20

第二章　文化研究视野中的体育文化 …………………………………… 27

　　第一节　文化的定义、特征及结构 ……………………………………… 27

　　第二节　体育文化的构成 ………………………………………………… 33

　　第三节　体育文化与人的社会化 ………………………………………… 39

　　第四节　体育文化的传播与交流 ………………………………………… 49

第三章　体育文化软实力的提升与发展 ………………………………… 52

　　第一节　体育文化软实力 ………………………………………………… 52

　　第二节　现代体育文化发展模式的构建 ………………………………… 54

　　第三节　体育文化软实力提升与发展的策略 …………………………… 57

第四章　面向体育强国的校园体育文化建设 …………………………… 68

　　第一节　校园体育文化的内涵 …………………………………………… 68

　　第二节　校园体育文化的发展现状与趋势 ……………………………… 74

　　第三节　校园体育文化的发展与创新 …………………………………… 79

　　第四节　校园体育文化的科学体系建设 ………………………………… 83

第五章　面向体育强国的大众休闲体育文化建设 ················· 93

　　第一节　休闲体育文化的内涵 ····························· 93

　　第二节　休闲体育文化的现状与发展趋势 ················· 97

　　第三节　休闲体育文化价值的实现途径 ················· 100

　　第四节　休闲体育文化的产业化发展探索 ··············· 102

第六章　面向体育强国的弘扬与发展民族传统体育文化 ········· 117

　　第一节　民族传统体育文化的内涵 ····················· 117

　　第二节　民族传统体育文化的发展态势 ················· 129

　　第三节　民族传统体育文化体系的构建策略 ············· 134

第七章　面向体育强国的竞技体育文化建设 ··················· 141

　　第一节　竞技体育文化的内涵 ························· 141

　　第二节　竞技体育文化的研究现状 ····················· 150

　　第三节　影响竞技体育文化发展的主要因素 ············· 154

　　第四节　竞技体育文化的发展方向与途径 ··············· 157

参考文献 ················································· 161

# 第一章　体育强国战略理论分析

建成体育强国是我国体育事业的发展目标。本章主要为体育强国战略理论分析，从四个方面进行详细论述，分别是体育强国相关概念解析、体育强国的发展背景、体育强国的基本特征和体育强国建设相关问题探讨。

## 第一节　体育强国的界定

### 一、体育强国的概念

自体育强国战略提出以来，相关专家和学者对体育强国概念的研究从未中断过，从某种程度来说，体育强国是一个比较的、定性的概念。衡量体育强国的一项可行性手段就是在比较的基础上产生结论。我们提出了向体育强国迈进的战略目标，在实现这一目标的过程中我们清醒地认识到，体育大国是实现体育强国的基础。"强"是指有力、程度高，"强"更是针对"弱"提出的。正是由于"体育强国"是一个定性的概念，因此在对体育强国概念的表述上就出现了不同的观点。

综合分析针对体育强国概念提出的观点会发现，这些观点有三个方面的共同特征：第一，体育强国代表着国家体育综合实力，是一个多维的概念；第二，我国目前还不是体育强国；第三，体育强国是指体育综合实力位居世界前列的国家。基于这些观点，本书将体育强国的概念概括为：体育强国是指群众体育、竞技体育、体育科技、体育产业、体育教育、体育文化等体育综合实力位居世界前列的国家。

## 二、体育强国涵盖的维度

体育强国由最初只涵盖竞技体育或以奥运会成绩为评价标准的单一化评判，发展为集竞技体育、群众体育、体育文化、体育产业、体育科教等领域的多维集合体。对体育强国作出评价不仅要衡量竞技体育和群众体育的发展水平，还要看体育文化的影响力，体育产业和体育科技等领域的发展程度。为此，今天的体育强国已经是国家体育综合实力的代名词，国家体育综合实力是我国综合国力的重要组成部分，更是实现中华民族伟大复兴和实现中国梦的重要组成部分。

实力是指实在的力量。国际关系理论中新自由主义学派代表人物——美国哈佛大学教授约瑟夫·奈最早提出了软实力的概念，约瑟夫·奈说的软实力主要是指文化和政治吸引力，以及塑造国际规则和政治议题的能力。他认为软实力靠的是自身吸引力，而非依靠强迫或收买来达到所愿的能力。目前国际关系学领域对一个国家综合国力的衡量主要从硬实力和软实力两个方面进行考量。硬实力主要是指人口、经济、自然要素、军队等可动用的资源；软实力是指传统文化、政治体制、国际信誉等非物质要素。硬实力和软实力共同作用后形成了综合国力表达公式，即综合国力=（军事实力＋经济实力＋文化实力）×政治实力。

套用国际关系学中关于综合国力的表达公式，可以准确而清晰地说明国家体育综合实力各个组成要素之间的关系。国家体育综合实力是实现体育强国的整体评价范畴，更是体育强国衡量的标准，体育强国涵盖竞技体育、群众体育、体育科技、体育产业、体育文化、体育教育六个维度。国家体育综合实力由体育硬实力和体育软实力组成，体育硬实力包括竞技体育实力、群众体育实力、体育教育实力、体育科技实力和体育产业实力。体育软实力包括体育文化实力和政府管理制度与执行能力。体育强国实力的强弱不但取决于竞技体育、群众体育、体育科技、体育产业、体育文化、体育教育之和的力量，还取决于政府管理制度和决策能力，如果政府管理制度和决策执行能力较强，乘积之后的总数值就会大，反之总数值就会小。由此不难得出，软实力和硬实力相互作用后可以构成体育强国视域下的国家体育综合实力，体育硬实力是物化之后的力量，也是看得见、摸得着的力量；体育软实力则是无形的力量，但两者在体育综合实力中都是不可或缺的。从某种程度上来说，体育软实力是体育硬实力得以形成的基础和保障，可以从某种程度上统领体育硬实力并推动其发挥出一定的价值观念与意识形态影响力。倘若没有体育硬实力，则体育软实力将无从谈起；倘若没有体育软实力，则体育硬实力也会停滞不前。

# 第二节　体育强国的发展背景

针对体育强国的发展背景，本书着重对中国体育发展现状、国外体育发展现状、中外体育发展水平的"同"与"异"加以阐述，力求在着眼于世界的基础上解析体育强国的发展背景。

## 一、中国体育的发展现状

### （一）新中国成立以来我国体育事业的发展历程

体育因为超越了身体教育与竞技运动的范畴，而被称为全世界通用的"语言"，拥有可以改变世界的"力量"，因此体育也在一定程度上反映了一个国家文化、政治、经济等方面的综合实力。自新中国成立以来，我国体育事业获得巨大发展，形成了以竞技体育为龙头、以"举国体制"为特点的战略格局。

从总体上看，我国体育发展受到了政治经济改革的影响，呈现了从最初的追求"金牌至上""为国争光"战略，以拓展体育的政治功能为主体，发展到今天追求科学可持续发展，关注人们健康水平，究其本质是实现了"由物及人"的转变，即由关注金牌成绩向关注人类自身发展方向的转变。"由物及人"的转变也是体育本质属性的呈现。同时我们必须清醒地看到中国社会正处于转型期，政治和经济体制的改革仍在继续，"体育发展方式"的转变才刚刚开始，还存在着诸多问题。从发展社会学视角来看，我国体育走的是以国家和政府为动力的外生式发展之路，这种集中力量办体育的"举国体制"举措，造成了体育发展结构不均衡，体育发展成本巨大而且可持续性差。这种体制结构已经不适应体育强国发展的要求，转变体育发展方式成为实现体育强国战略的必要途径。

### （二）竞技体育在现阶段的发展水平

#### 1.竞技体育管理运行机制

以政府管理机制为主体是我国竞技体育管理的主要模式，国家体育总局下设20个项目管理中心，这20个项目管理中心管理着41个单项协会和56个体育运动项目。国家体育总局下属的竞技体育司是我国竞技体育的直接管理机构。各个项目管理中心作为国家体育总局的直属机构遵照国家体育总局的授权负责提高该项目的运动水平，管理好国家高水平运动队以及竞赛管理、组织、监督等工作。除此之外，我国体育社会组织机构，也不同程度地承担着竞技体育的管理工作和组织工作，不但是中华全国体育总会的团体成员，而且归属于项目管理中心的指导，是赛事组织工作和赛事管理工作的承担者之一。

我国体育管理的运行机制经历了由计划经济体制下的体育管理运行机制向市场经济管理体制下的运行体制再向社会化、职业化趋势转变的过程。在计划经济体制下，我们制定了"集中力量发展优势项目，重点把短期能够赶上世界先进水平的项目抓上去，争取优异成绩"的战略要求。加大了竞技体育的投入和管理力度，按照奥运会项目调整布局，形成了"国内练兵，一致对外"的赛制原则，按照"思想一盘棋，组织一条龙，训练一贯制"的原则，形成了层层衔接的人才培养体系，这一管理体制在一定程度上取得了较好的效果，促使我国竞技体育在20世纪80年代取得了傲人的战绩。随着改革开放的深入，我国实行了以市场竞技体育为背景的体育管理运行机制，尤其是党的十四大以后原国家体育运动委员会下发了《国家体委关于深化体育改革的意见》，进一步强化了竞技体育的宏观控制，制定了"奥运争光计划"，进一步推进了项目管理机制，使协会逐步实体化，逐步推进了竞技体育赛制向多元化、市场化转变，并以足球为试点推进了我国竞技体育的职业化发展。经过一系列的深化改革，我国竞技体育市场化配置基本形成，同时《中华人民共和国体育法》（简称《体育法》）等有关体育法规条例的颁布使我国的体育管理由计划经济时期的行政命令管理方式向"依法治体"方向转化。成功举办2008年北京奥运会后，在竞技体育方面取得的优异成绩促使我国进一步提出向体育强国迈进的战略部署。但必须认识到我国当前还不是体育强国的事实，体育强国是一个多维度的概念，群众体育发展落后是造成我国实施体育强国战略遭遇瓶颈的重要原因。基于这一现实状况，我国开始重新审视体育发展的道路，在此基础上提出了"转变体育发展方式、促进体育事业科学可持续发展"的战略设想。目前，竞技体育发展的市场化和社会化已经成为国家体育发展的必然趋势，我国竞技体育管理正逐步与国际接轨，向着社会化和市场化的方向迈进。

2.竞技体育成绩及优势项目分布

竞技体育在我国体育事业的发展过程中一直占有重要的位置，中华人民共和国成立以来，在竞技体育上的辉煌成就奠定了我国体育发展的基础，同时也为实现由体育大国迈向体育强国提供了重要保证。从某种程度上来说，我国体育发展过程得益于"举国体制"的运行机制，准确来说应该是竞技体育领域的"举国体制"或者说举全国体育系统之力"集中优势资源实现重点突破"，促使竞技体育在较短时期内实现"跨越式"的发展，使中国竞技体育在短短几十年的时间内跨入奥运强国序列。

尽管我国体育代表团在奥运会等赛事中获得奖牌总数已经位于奖牌榜前列，但我国竞技体育项目发展失衡的问题比较严重。我国优势项目主要集中在乒乓球、跳水、羽毛球、体操、举重、射击等项目上，在奥运会中的高含金量项目上仍然与世界强国差距很大，部分项目仍然不具备冲击奖牌的实力，甚至不具备进入预赛的实力。

有关统计结果表明，我国奥运优势项目的分布相对集中，基础项目中的田径和三大球项目不具备夺金实力。北京奥运会后，当全国欢庆竞技体育取得的成绩时，程志理、茅鹏等学者就提出了"高金低迷、何臻辉煌"的论断。这一论断是基于我国在基础项目上水平较低、竞技体育项目发展不均衡的现状提出的。尽管田径、三大球等基础项目水平还与其他强国存在不小的差距，但是从近两届奥运会的成绩来看，我国的竞技体育的确进入有史以来的巅峰时刻，这在一定程度上也奠定了我国在竞技体育上的"体育强国"基础，正是在竞技体育上取得的成绩夯实了我们向体育强国迈进的实践基础。就当前来说，我国竞技体育领域存在的主要问题是体育项目发展失衡、竞技体育后备人才储备不足、部分体育项目的基础薄弱、体育赛事的市场化程度和社会化程度有待提高。

### （三）群众体育发展现状

群众体育也被称为大众体育，群众体育的参与对象包括全体社会成员，群众体育的目的主要在于增强体质、调节社会情感、丰富余暇生活。群众体育的发展不仅反映一个国家或地区的体育参与状况，更间接地折射出这个国家或地区人们的生活水平和体质健康状况。群众体育的开展是竞技体育的基础，新中国成立以来，将群众体育和竞技体育定位为协调发展、普及和提高的关系。但是，实际工作中，在竞技体育上的投入一直远远多于群众体育。导致群众体育发展总体水平不高、城乡和区域发展不均衡等诸多问题持续存在。

目前，广大人民群众日益增长的体育需求与体育资源相对不足之间的矛盾仍然是困扰我国体育事业发展的主要矛盾。尤其是在群众体育发展领域还存在诸多问题，如体育公共服务领域的供给不足，在体育场馆建设、体育组织体系的建立、体育健身的科学化等方面与体育强国差距甚远，广大人民群众的实际需求不能满足。

### （四）体育产业与科技发展现状

自北京奥运会成功举办后，我国体育事业获得了空前发展，特别是体育产业呈现出迅猛的发展态势。在这种大背景下，体育产业的投资主体呈现多元化趋势，体育产业市场日趋成熟，多个国家级体育产业基地先后建立，体育彩票销售额逐年提高。就现阶段来说，我国体育产业的结构体系主要由四个方面组成，如图1-1-1 所示。

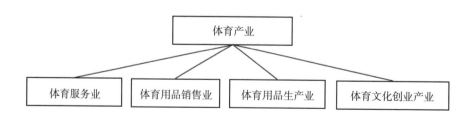

**图 1-1-1　我国体育产业的结构体系**

在体育科技方面，经过北京奥运会的实践，我国体育科技在体育事业中的作用进一步凸显，尤其在竞技体育的训练、恢复、指导、信息等方面发挥了重要作用。但是我国目前体育科技成果的转化程度还不够，自主创新意识和能力还有待进一步提升。资料显示，发达国家的体育科技成果转化生产力的比例在60%~80%，而我国的体育科技成果贡献力相对有限，只有20%~30%。现阶段，我国体育科技领域着重研究的课题主要围绕五个方面开展：①全民健身科学研究；②运动项目的规律研究；③优秀运动员的特征与竞技能力研究；④青少年运动员的选材、训练与培养体制研究；⑤运动损伤与恢复等研究。

从整体来说，我国体育产业和体育科技工作仍然处于发展的初级阶段，体育产业领域仍然面临着政策制度不完善，产业结构不合理；体育文化创意产业处于起步阶段；体育产业的市场规模与影响力不大，管理有待进一步科学化；相关法律法规建设有待进一步完善；体育科技方面的国际影响力有待进一步提高，体育科技成果的自主创新能力不强，体育科技成果的生产力转化程度不够；体育产业的核心产业疲软，品牌建设不理想；体育科技解决运动实践中关键问题的能力有待进一步增强等。

## 二、美俄体育发展现状

下面着重对具有代表性的美国体育和俄罗斯体育的发展现状进行解析：

### （一）美国体育发展现状

在世界范围内，美国的竞技体育总体实力较强，无论是在奥运项目还是非奥运项目上都得到了较好的发展。美国实行的竞技体育人才培养体制是建立在学校体育基础之上的，在以学校为中心的体制下形成了小学、中学、大学不同学段体育与教育完全融合的人才培养模式。大学是美国优秀运动员培养的主要阶段，美国的大学体育由全美大学生体育协会负责管理。全美大学生体育协会是美国全国性的业余体育组织，由来自美国各个高校的约1200个体育协会组成。全美大学生体育协会按照一定的原则将大学生的比赛分为三个等级进行，美国的大学生运动队在一定程度上承担着美国竞技体育人才的培养工作，大学体育的蓬勃发展为美国竞技体育储备了大批优秀人才，奠定了美国竞技体育的基础。除此之外，美国不只是在竞技体育领域取得了辉煌成绩，职业体育同样得到了大范围推广，体育产业呈现出良好的发展态势，群众体育深入人心，体育产业已经发展成为美国的一个支柱产业。

在大众体育发展方面，美国民众对体育有较为深刻的认识，体育锻炼活动已经成为人们健康生活的一部分，群众体育在美国得到了广泛的普及。美国实行"积极锻炼的统计标准"，即每周有五天参加体育锻炼，每次锻炼的时间在30分钟以上，锻炼负荷强度达到中等以上，数据显示美国积极参加体育锻炼的人口比例正在逐年攀升。此外，美国的体育场馆设施建设也较为全面和完善，人均体育场馆的面积接近14平方米。美国的体育场馆绝大多数时间都向公众免费开放，资料显示，美国注册的体育俱乐部达数万个，除此之外，还有一些志愿为民众服务的体育组织，这些组织通过种类繁多的体育比赛广泛吸引着民众的参与。此外，政府还根据国民体质的需要制定了一系列国民健康促进政策，使体育在改变生活方式、丰富文化生活、预防疾病等方面发挥了积极的作用。曲棍球、橄榄球、篮球以及大批的非正式（非奥运会）比赛项目成了美国民众的热门的体育休闲项目。除此之外，学校体育的大范围开展有效夯实了群众体育的基础，美国中小学生参与体育活动的次数和机会较多，绝大多数中小学生每周参加体育活动达到12小时左右。

体育产业是美国经济发展的重要支柱，美国政府把一切与体育相关的领域都列入体育产业的范畴，包括健身产业、体育用品产业、体育赛事组织与推广、职业体育产业等领域。美国拥有篮球、橄榄球、棒球、拳击、自行车、冰球、高尔夫、网球等多个职业体育项目，知名度最大的是美国职业篮球联盟，其产生的影响波及全世界，但美国国民对橄榄球运动和棒球运动的关注度要比篮球高。

### （二）俄罗斯体育发展现状

提到俄罗斯体育，就不得不提到苏联的体育发展。众所周知，苏联曾是体育强国，特别是在竞技体育上可谓超级体育强国。苏联及独联体代表团曾在1952—1996年参加了12届夏季奥运会，其中有9届获得了金牌总数第一名的成绩。另外，苏联及独联体代表团也曾经在1956—1996年举办了11届冬季奥运会，其中有8届夺得了金牌总数第一名的成绩。苏联解体后俄罗斯继承了苏联体育的主要部分，俄罗斯代表团在1996—2004年的3届奥运会中始终位居金牌榜的前三名

（两次获得第二名、一次获得第三名）。但是俄罗斯的体育与苏联相比还呈现出了些许差距，俄罗斯作为独立国家第一次参加的第26届奥运会中共取得奖牌63枚。俄罗斯体育代表团在第26届、第27届奥运会上分别以奖牌总数63枚和88枚的成绩位居奖牌榜第二位，在第28届、第29届奥运会上分别以奖牌总数92枚和73枚的成绩滑落到奖牌榜第三位，到了2012年的第30届奥运会俄罗斯代表团以总奖牌82枚的成绩位居奖牌榜第四位。分析俄罗斯在近几届奥运会的成绩不难发现，竞技体育成绩有下滑趋势。就现阶段来说，俄罗斯竞技体育的优势项目分别是冰雪、体操、游泳、田径、举重、花样游泳、球类和摔跤等。和竞技体育相比，俄罗斯的群众体育要落后一些，具体表现为俄罗斯全民体质有所下降、体育人口占总人口的比例不大、群众体育的资金投入不足，这些问题都不同程度地限制了俄罗斯群众体育的发展。俄罗斯政府深刻地意识到大众体育成绩与俄罗斯的国际地位不相符，针对上述问题俄罗斯采取了一系列措施，主要包括振兴大众体育、发展建设体育设施、运用先进技术和现代化标准培养运动员、优先发展体育设施和教练事业、向民众普及宣传健康意识、优先发展群众体育和竞技体育以及场馆设施建设等。

在体育产业和体育科技方面，俄罗斯建立了多元化的投资和融资体制，以支持和促进体育产业的发展，先后采取了对体育彩票等行业进行宏观调控，通过减免税收等政策吸引企业家参与体育行业的经营和发展工作等措施。在体育科研方面，俄罗斯体育管理部门采取了一系列措施来加强体育科研的管理工作和发展工作，重点明确了体育科研部门要为国家队参加世界大赛服务的目标，因此运动医学、遗传学、生物学、运动训练、体育教育等学科得到了普遍的重视。俄罗斯先后通过恢复地方体育科研院所、加强高校体育科研管理、恢复国家重大课题的招标工作积极进行体育科研工作。俄罗斯的体育科研集中在训练和教育两个重点领域，其中围绕着俄罗斯的优势项目如滑雪、田径、体操、游泳、排球、拳击和击剑等项目的科研比重较大。

从整体来说，俄罗斯尤为重视体育事业的发展情况，当前俄罗斯体育事业正处在全面复苏的阶段。为了推动体育事业的发展，俄罗斯制定了具体的体育发展目标规划，即《俄罗斯联邦2020年前体育发展战略》，这项规划中大众体育发展目标是到2020年要使从事体育锻炼的人口数量达到总人口数量的40%，使在校学生的体育锻炼比例达到 80%，残疾人参加体育锻炼的比例在 20%，国民体育设施的保障水平达到 48%。

## 三、中外体育发展状况对比

### （一）中外体育发展的共同点

（1）竞技体育是实现体育强国的关键指标，是国家体育形象的具体反映。中国、美国、俄罗斯等国家都十分重视本国竞技体育的发展情况，原因在于竞技体育可以在一定程度上彰显国家的综合国力，代表竞技体育最高水平的奥运会是世界各国展示国家形象的重要平台。除此之外，竞技体育的发展不仅是一个国家生活水平和经济发展水平的整体表征，也是大国崛起的象征。美国在竞技体育上的优势给国家形象以及美国文化的传播提供了重要平台，竞技体育裹挟着美国人的价值观和文化传遍全球，特别是由竞技体育衍生出来的美国职业体育，更是美国经济发展的重要支柱。美国在经济、军事、教育、科技等领域的强国地位，促使美国在体育领域也成为强国。苏联解体给俄罗斯体育带来了巨大的冲击，同时俄罗斯的经济、军事、教育等领域也受到不同程度的影响，俄罗斯的国民体质令人担忧，实现竞技体育的复兴是俄罗斯向世界展示国家的崛起、塑造国家形象的信号。对于我国而言，由于特殊的历史原因使中华民族的近代处于一种悲情状态，为此我国从新中国成立伊始就先后制定了以"举国体制"为统领的体育"赶超计划"，此后又相继出台了"奥运争光战略"，以及在悉尼奥运会后围绕游泳、田径和水上项目出台的"119 工程"。恰恰是竞技体育领域获得的优势有效夯实了我国朝着体育强国迈进的基础。通过对中国、美国、俄罗斯在竞技体育方面的重视程度的比较会发现，三个国家具有显著的一致性特点。

（2）群众体育是体育事业可持续发展的基石，对国民体质水平有很大影响。从理论层面来说，群众体育是竞技体育得以发展的基础，这恰恰是提到群众体育与竞技体育关系时所讲的"普及基础上的提高"。美国的确实现了群众体育的广泛普及，美国人眼中身体健康是一切的基础，美国人对健康的认识以及对体育锻炼价值的普遍认同促使美国参与体育锻炼的人群比例较大，另外美国在经济发展上的优势决定了美国在群众体育组织和设施上的优势，美国的人均体育场馆面积已经接近 14 平方米，这是其他国家目前不能比拟的。俄罗斯由于正处于经济复苏阶段，在竞技体育与群众体育的投入上出现了重竞技体育轻群众体育的实践策略，使有限的经费投入到了竞技体育领域，对群众体育方面的场馆建设和民众体育锻炼意识的普及投入较少。俄罗斯联邦政府已经清楚地意识到了这一点，在《体育事业 2020 年发展》规划中已经逐步增加了群众体育方面的投入以改变当前的困境。近些年来，我国对群众体育的投入力度呈现出了逐年增加的趋势，如何保证经济发展成果惠及国民、如何提高国民体质、如何解决青少年体质问题已经成为我国体育事业发展的重点。由此不难得出，群众体育的发展对国民体质健康有很大影响，所以中国、美国、俄罗斯对群众体育的关注呈现出很大的趋同性，仅仅是发展状况略有不同。

（3）体育产业是国家经济发展的新兴力量，得到广泛重视。各项数据表明，美国体育产业发展呈现出以职业体育和相关产业为主的产业集群。需要说明的是，体育产业不只是在美国拥有很大的影响力，在世界范围内都产生了较大效益，运动服装和职业赛事都流露着美国的符号。作为竞技体育的有力补充和国家体育结构的重要组成部分，体育产业创造的价值和效益广泛受到各个国家的关注。我国和俄罗斯也都对体育产业的发展高度重视，我国体育产业虽然在整体上还处于起步阶段，但是经过近几年的发展，体育产业市场已经成为大众消费和投资的热点领域，各类体育企业及相关产业如雨后春笋般不断涌现。近些年来，我国体育产业的增加值持续上升，体育产业不但是崭新的经济增长点，还是我国经济发展的重要组成部分。

（4）体育科技发展是体育发展的重要保障。近些年来，体育科技成果的转化受到越来越多国家的高度重视，科技在现代体育发展和国民日常生活中产生的影响越来越大。"科学技术是第一生产力"生动地概括了科技在现代社会发展中的作用，联合国于 1994 年颁布的《世界科学报告》中明确地指出"科学是财富之源，未来的工业发展 70%~80% 要靠科技的进步，科学技术在体育领域的广泛应用也给体育的发展带来了前所未有的活力，现代科技在训练、教学、体育科研和体育产业上的广泛应用都给体育带来了巨大的改变。例如，北京奥运会在网球比赛中引入的"鹰眼"即时回放系统，以及现代生物科学、医学等在运动训练和恢复中的运用都大大改变了比赛和训练的效率，极大限度地提高了运动成绩，再如"鲨鱼皮"泳衣的运用，使碳纤维、非晶质金属纤维、单结晶质碳化硅纤维、新型陶瓷复合材料"等高科技材料在体育器材上的运用极大地提高了运动员的竞技成绩。生物学家经过测试认为在田径比赛中运动员穿的跑鞋重量每减少100克，运动员的体能消耗就会减少1%。为此围绕高科技运动装备在体育竞赛中运用的科研工作开始展开，运动器材不断得到创新，为竞技成绩的提升创造了必要条件。中、美、俄三国都十分重视体育科技成果的运用。美国在医学、生物学等诸多学科的世界领先优势，进一步更新了现代体育的训练和管理理念，使竞技体育的训练方法得到了有效革新。俄罗斯在继承苏联时期形成的训练理论和方法的基础上进一步提高了自己在优势项目上的训练水平。近年来，我国同样在体育科研领域投入了大量的人力、物力、财力，在提高水平运动员训练水平以及国民体质健康监测等领域进行了深入研究。很多科技成果顺利转换，并且应用于竞技体育训练、国民体质健康预警、体育体制改革等领域。

### （二）中外体育发展的差异

（1）在政治背景和经济背景的影响下，各国体育管理体制与发展方式存在很大差异。体育发展和本国的政治体制以及经济发展情况存在很大联系，当前可以把世界范围内的体育管理体制划分成三种类型：即社会组织主导型、政府主导型和社会组织与政府合作型。我国是以政府主导型为主的体育体制，由政府对整个国家的体育事业进行管理。而美国则是典型的社会体育组织主导型体育体制，这种体制是由社会体育组织对整个国家体育事业进行管理。美国的社会组织管理体系又分为职业和业余两种体育组织，美国政府设有专门负责体育管理的机构，美国政府并不制定体育政策而且很少直接资助体育，管理体育的职能是由社会体育组织来完成，政府管理机构为"总统健康与运动委员会"，实质是一个负责大众体育咨询的机构。美国竞技体育组成是建立在体教充分融合基础上的，美国的奥委会负责管理各个单项体育协会，美国的业余体育组织部分以大学竞技体育组织——美国大学生体育联合会（NCAA）为主体，这一主体由1200多所大学的体育组织组成，而中学体育组织是大学体育组织的后备力量和输送主体。中学体育组织由"国家高中协会联盟（NFHS）"主管，NFHS由18500所中学体育组织组成。我国体育管理体制主要体现的是政府主导型管理体制，经历了由社会化向市场化变迁的过程，这对体育协会与职业体育俱乐部的市场化和社会化进程都有了不同程度的推进，但是我国体育和真正市场化和社会化还有不小的距离。在政府主导的体制下形成了以"举国体制"为支撑的竞技体育，竞技体育的优先发展使其独立于群众体育之外，造成了竞技体育与群众体育发展不平衡、群众体育滞后的现状，形成了在竞技体育金牌增多而国民体质健康水平反降的局面。因此，大力发展群众体育和提高国民体质水平成为我国成功举办北京奥运会后国家体育管理部门的一项重要工作。

（2）中国、美国、俄罗斯群众体育发展重心和发展举措存在差异。就当前的发展情况来说，美国的竞技体育、群众体育以及体育产业、体育科技与教育等领域均位居世界前列，与美国的经济发展和社会发展有着必然的关系，经济的发展带动了生产力水平的提高，这在一定程度上促使人们用于休闲娱乐的时间增多，而文化的发展带来的对体育锻炼意识和价值的高度认同又是群众体育发展的内在力量。

俄罗斯体育发展受群众体育发展滞后、体育场馆建设不足、国民体质下降等因素的制约。在竞技体育方面俄罗斯迫切需要重振雄风，从《俄罗斯2020年体育发展规划》来看，群众体育和竞技体育将是政府重点资助的两个领域，另外俄罗斯也开始加大在体育产业和科研领域的投入，通过联邦政府拨款和社会力量筹集经费，力争使国民参与体育锻炼的比例达到人口总数的40%。

我国的体育发展策略和俄罗斯有很多相同点。由于我国幅员辽阔、经济发展存在失衡问题，因而我国各地区体育发展水平同样存在不尽相同的问题。尤其是群众体育发展滞后、国民体质下降等问题与我国在竞技体育上取得的成绩极为不符，在竞技体育领域我国只在少数项目上成就辉煌，田径和三大球等项目的发展水平更是与国家发展和体育强国的战略不匹配。针对这些情况，我国体育事业发展的相关规划中反复重申实现田径和三大球良性发展的重要性和必要性，提出要坚定不移地完善举国体制，加大对群众体育和体育产业等多个领域的投入力度。

总体来看，美国的体育发展无论是在群众体育、竞技体育还是体育产业与体育科技均处于世界领先地位，整体水平较高。美国体育实行的社会管理体制决定了市场化与社会化的地位，发展策略是在保持竞技体育和群众体育的优势下进一步促进体育产业与文化发展，进而拉动经济发展。从宏观层面来看，俄罗斯体育事业发展过程中需要解决的问题和我国有很多相似之处，保持和进一步加大竞技体育的优势，从而尽全力实现崭新的突破，加快群众体育的发展速度，促使国民体质水平得到大幅度提高，是未来一段时间内中国和俄罗斯体育发展需要完成的重要任务。

# 第三节　体育强国的基本特征

对体育强国的具体概念，国内学者从不同的角度和层面进行了解释，其中的共同点是将体育强国理解为一个动态、综合和数据化的概念，是一个国家体育实力的综合体现，只是体现了其基本的特点，并没有统一的标准。

## 一、竞技体育成绩卓越

竞技体育具有强烈的辐射力，优异的运动成绩具有鲜明的体能表现力，寓意深刻，通过在竞技场上赢得胜利，从而获得民族自尊心和自信心，竞技体育可以在一定程度上证明体育强国的存在。

比赛是竞技体育最主要的特征，比赛成绩可以作为竞技体育水平发展的评价标准，竞技体育发展水平是迈向体育强国的先导，竞技体育也是衡量体育强国的重要指标。在奥运会等国际影响力较大的体育赛事中成绩名列前茅是一个国家竞技体育发展水平的集中展现，称为"体育强国"的国家在竞技体育领域成绩比较突出，而且这种实力是整体实力，体现了全能水平，并不是"单项"的突出。

在比赛过程中，运动员的比赛成绩会受到场地、气候等条件因素的干扰，人们更注重同一时间在同一场地上进行的运动竞赛的比较，很多人都把目光转向了锦标赛及综合运动会这样的国际性赛事，大型赛事通常竞技水平高，具有一定代表性的是夏季奥运会。

北京奥运会中我国以51枚金牌位居金牌榜首位，但这并不能说明我国在竞技体育上整体实力较强，只是说明了我们在部分单项上有一定优势，这些项目之所以能成为优势项目，主要得益于"举国体制"的实行，集中力量向着取得金牌的目标迈进。

不同项目有不同的奥运冠军，由不同国家运动员获得，自然就会在不同国家或地区之间产生比较。必须清醒地认识到一些项目"政府主导"性较强，群众普及程度不够，三大球、田径等高含金量项目低迷仍然困扰着我国竞技体育的发展。

我国竞技体育发展的动力主要来源于国家和政府，属于"外生式"的发展方式，这种发展方式有一定的弊端，主要表现为发展结果的不平衡性，持续时间短，成本高，不符合体育强国发展的要求。需要建立"内生式"的发展模式，实现竞技项目的合理布局、均衡发展。

## 二、群众体育蓬勃发展

群众体育主要以增强国民体质、提高公众体育参与质量为基本内涵。竞技体育和群众体育的表现形式各不相同。过于强调竞技体育的价值，而忽略了体育自身具有的全部功能，这将导致群众体育的发展滞后。

大范围普及群众体育可以为竞技体育的科学选材提供强有力的保障，科学选拔人才，有利于竞技体育可持续发展。健康是促进体育最为本质的功能要素，提高国民体质是体育强国建设的本质目标。

新中国成立以来，无数中华儿女为实现民族复兴而奋斗，历史发展的经验证明，只有国民体质强才能体现民族和国家的发展活力。当今体育锻炼是一种消费行为，在城市社区进行健身运动，成了一种新型的体育运动方式和体育消费形态，从运动服装到运动器材，从运动参与到欣赏高水平比赛都包含了体育消费的行为。

群众体育在一定程度上推动了体育产业的快速发展，越来越多的人参与到体育锻炼中，选择去体育场馆观看体育比赛，培养了体育意识，弘扬了体育精神，营造了良好的体育文化气氛。

群众体育的蓬勃发展是实现体育发展方式转变的基本途径，衡量群众体育发展状况的重要指标就是民众的体育参与人数和质量，从目前的数据来看，我国民众无论是在体育参与的数量还是质量上都与发达国家存在较大差距。

国民体质强、体育参与质量高是体育强国视域下群众体育发展的基本特征，国家在竞技体育方面无比强大，而国民体质下降、青少年体质堪忧也称不上体育强国，只有竞技体育和群众体育协调发展，国民体质不断增强，民众参与体育程度高的国家才能被称为是体育强国。

## 三、体育科技水平高

科学技术是第一生产力，任何一个大国和民族的振兴都需要科学技术作为基础，在一定程度上是国家话语权的重要支柱。当今社会科学技术和智力资源已经成为取代过去自然资源、资本和劳动力的投入，是经济增长和生产力发展的决定性因素。

发达国家已经证实了这一观点。体育科技是决定体育事业发展的主要内容，运动训练的科学化为运动员身体机能评定、技术分析、状态诊断、营养的补充与身体机能恢复、运动损伤的治疗与康复提供重要保障。群众体育中的科技服务，可以为国民体质监测、国民体质健康与促进、科学健身等领域提供理论和实践上的指导。

科技在体育领域中无处不在，科技强则体育强，生动反映了科技发展和体育之间的关系。体育的发展水平反映了一个国家体育科技的发展水平。科技水平高、创新能力强，体育事业也随之快速发展。

## 四、体育教育水平高

教育是民族振兴的基础，也是国家崛起的内在动力，更是体育强国建设的内在动力。美国是体育强国，其背后的支撑力量包括了先进的科技、普及的教育和雄厚的经济基础。体育教育和人才培养可以推动国家体育进入世界前列。

俄罗斯的国立体育与旅游大学、德国的科隆体育大学在体育科学研究、体育理论创新以及高质量人才培养方面都走在了世界的前列，高质量的体育教育在一定程度上为俄罗斯和德国的体育发展提供了强大的动力。

实现体育强国的思想和智力保障就是高质量的体育教育和人才培养体系，体育教育培养出来的人才是实现体育强国战略、推动国家体育发展的中坚力量。"百年大计，教育为本"，加强体育教育是实现体育强国战略目标的根本保证，建立具有国际影响力的体育院校，是体育强国战略的内在要求。

## 五、体育产业化发展

体育产业是 21 世纪的朝阳产业，呈现出了强劲的发展势头，体育产业朝着市场化的方向发展，符合经济发展的要求。市场化意味着体育管理部门放松对体育产业运行主体的行政管理。当一个国家步入中等发达国家水平时，国民用于休闲和文化健身的消费就会增多，也就是说一个家庭的恩格尔系数越小，生活就越富裕，人们用于休闲、健身等消费的比例就会增多。

市场有利于体育资源优化配置的改进，为客户提供体育产品或服务，以市场为导向，成为国民经济新的增长点。体育作为现代生活方式的体现，体育消费支出增多不仅代表着人们生活水平的提高，更预示着人们对生活方式和健身意识的重视。

在体育产业发展过程中，体育自身的发展状况决定了体育产业的竞争优势，是体育社会化和市场化的标志，更是体育发展水平的重要体现。要提高体育产业的竞争力，首先要明确定位，找出体育产业发展过程中存在的问题，采取相应的对策。

体育产业是一个复杂的结构，既包括与体育相关产品的生产，也包括体育服务产品的生产和管理。体育产业的发展遵循消费"决定论"，就是说体育消费决定了体育市场，而体育市场又决定了体育产业。各国体育产业纷纷由社团化向企业化转变，以盈利作为目的的商业俱乐部正在不断增加，在各项职业体育中发挥了重大作用。

相较于发达国家来说，我国体育产业总产值在整个国民经济中的比例仍显得过小，对国民经济的拉动作用还没有充分发挥出来。另外，需要强调的是，体育产业创造的价值与我国的国际地位及我国体育产业的实际潜能不相适应。由此可以看出，我国体育产业的提升空间还很大，发展潜力巨大，因此，中国体育产业发展道路任重而道远，要对此引起重视。

目前，发达国家的产业增加值占到本国当年 GDP 的 1%~3%，欧盟国家的体育产业增加值占当年 GDP 的 3.7%，体育产业发展有较高水平，有较强的国际影响力是体育强国的重要标志。

"十二五"期间，我国建立国家体育产业基地 20 个、国家体育产业示范基地 30 个。目前，体育产业各门类协同融合发展，产业组织形态更加丰富，产业结构的合理性也越来越强，体育产品和服务供给充足，层次出现多样化的趋势。体育服务业增加值占比超过 30%。

同时，一批具有国际竞争力、带动性强的龙头企业和大批富有创新活力的中小企业、社会组织也涌现出来，形成一批特色鲜明的产业集群和知名品牌。"十三五"规划的目标为：建设国家体育产业示范基地 50 个、国家体育产业示范单位 100 个、国家体育产业示范项目 100 个。

近年来，国家非常重视服务业的发展，通过一系列的措施，来加快发展服务业，使服务业在三类产业结构中的比重有所提高，尽快使服务业成为国民经济的主导产业，进而对经济结构调整以及经济增长方式的转变起到积极的推动作用，使资源短缺的瓶颈制约得到有效缓解，使资源利用效率得到有效提高。

我国有国土面积跨度大、地理环境特殊的显著特点，同时也存在着东部沿海地区经济较中西部明显发达的现实问题。体育产业的发展同样也受到了影响，在经济发展水平的制约下，各地区的体育服务业发展规模和水平的差距越来越显著。

从整体上来说，我国体育服务业主要集中于华东、中南和华北区域，尤其是北京、上海、广州等大城市以及东南沿海经济发达省份，体育服务业发展势头非常好，并且取得了非常理想的发展成效；东北、西南和西北区域的体育服务业发展相对落后。除此之外，区域间体育产业发展的不平衡性还体现在我国体育用品制造企业的机构数量和从业人数上。

## 六、体育文化繁荣发展

文化是一个民族的基因符号，体育文化象征了一个国家或者民族在体育领域独特的思维方式，民族复兴就是文化的复兴。文化在一个民族发展和社会变迁过程中扮演着重要角色，特别是在全球化发展的今天，文化在凝聚国民思想、构建国家和民族精神方面发挥着重要作用。

实现体育强国战略目标离不开体育文化的强力支撑，建设体育强国首先形成繁荣发展的体育文化氛围，文化是体育发展的灵魂，对体育的发展具有精神支撑的作用。

国际体坛以西方文化为载体的现代体育文化体系，通过本土理念影响着奥林匹克运动的发展。在奥林匹克文化的发展过程中，英国人创造了现代体育项目规则，美国人为现代体育贡献了民间资本，它们在对现代体育做出贡献的同时也对本土文化进行了推广。现代竞技体育文化构成了国际体坛的主流文化。

随着现代化进程的推进，体育出现了脱离生活的情况和功利化情况，造成了体育运动的"精英化""贵族化"倾向，离普通大众的生活越来越远。让体育回归本质、实现生活化，成为一种社会共识，是当前体育文化建设的重要前提。

联合国教科文组织在《体育运动国际宪章》中，提出"参加体育运动是每个人的基本权利"，让体育融入每个人的生活中，成了国际社会的共识。体育生活化体现在体育与生活的相融性、体育参与的自主性、体育活动项目的多样性等，体育回归生活，成了一种生活方式、精神寄托和财富载体，是一种健康生活方式的浓厚文化氛围。

体育是以发展体力、增强体质为主要任务的教育，在活动过程中将锻炼身体作为主要目的，把教育理解为三件事：第一德育，第二体育，第三技术教育。对儿童、青少年要按照不同的年龄顺序教授不同内容的课程。

目前竞技体育发达，但是国际奥委会的职责不能仅局限在主办体育赛事上，同样要肩负对青少年运动员的教育，体育就是一种教育。发展体育文化，让体育回归到最本真的一种状态，培育人的良好精神，形成身心统一的人格。

体育文化是实现体育强国目标的内在需要，体育文化直接关系到人类的生命发展，解释了体育文化现象所具有的本质规律，通过艺术的主要形式提高人们的审美情趣，将体育融入人们的日常生活中。

传统体育活动在伴随人类发展的过程中，与民俗、民风、生活习惯紧密结合在一起，与人们的生活息息相关、互相渗透。人们通过传统的体育活动，可以获得快乐的体验、感受精神的愉悦、营造和谐的生存氛围，逐渐使得传统体育产生了一种更加深层次的文化追求，对"快乐""和平""安逸"生活的追求。

在我国传统体育文化中，其表现形式有许多都是将竞技、舞蹈、音乐等融为一体，使这些项目既具有各自民族的特色，又具有娱乐和健身的特点，还具有艺术欣赏的价值。

当今中国，体育不能只是竞技竞赛，为了与国际接轨，不能过于强调竞技体育，还要传播体育文化的价值理念，促进体育文化的繁荣。无论是为了争取国际体育话语权，还是为了保护民族体育文化的安全，当前的目标必然是提升民族体育的软实力，进而提升实现体育强国目标的综合实力。

# 第四节  建设体育强国的途径

## 一、努力提高体育事业的国际影响力

### （一）积极为国际体育秩序注入中国元素

自中华人民共和国成立以来，经过数十年的发展，我国已经发展成体育大国。自改革开放以来，我国主动参与国际体育并与国际接轨。在既有的国际体育秩序中，由于中外政治和文化的差异，我国难以在西方主导的国际主流社会中产生示范性的国际影响力，这在北京奥运会中就有所体现。北京奥运会的举办十分成功，获得时任国际奥委会主席罗格"无与伦比"的赞誉。但举办这届奥运会的"北京模式"并未成为国际重大赛事的基本模式。

（1）就我国自身而言，独特的社会背景使得我国的做法是其他许多国家，特别是西方发达国家难以仿效的；我国体育的成功在国际社会中常常被曲解，或被解释为不可重复的特例。

（2）就当前国际体育的组织结构而言，既有的国际体育格局没有留下多少空间让中国在决策中有更大的影响力。

（3）就文化传统而言，既有国际体育模式是西方主导的单一体育文化模式，已经形成了一套固定的话语体系，这个话语体系与我国既有的文化传统多有冲突，中国丰富的文化积累难以为之所用。

（4）就国际体育的主体竞技运动而言，当前的框架是 19 世纪末 20 世纪初形成的，无法容纳迅速膨胀的全球体育需求和体育资源，中国的优势项目发展空间已经趋于饱和，如乒乓球、羽毛球等项目一家独大，因而失去影响力。我们要竞争的项目则由于人数名额限制的原因，无法发挥我们人力资源优势。除此之外，我国占据优势的很多非奥运会项目至今仍然徘徊在国际主流体育视野之外。

值得庆幸的是，我国由体育大国转化成体育强国的过程恰逢国际体育再次处于转折的关键阶段，国际体育正在尽全力突破瓶颈，积极寻找和全球化时代相符的发展前景。这种发展趋势为中国推动世界体育新秩序的改革提供了可遇而不可求的历史机遇。我们应当不失时机地把握这一历史机遇，成为对世界体育有历史贡献的体育强国。

### （二）提高我国体育国际影响力的策略

以往的体育强国在构建自己影响力的时候，全球化尚未发展到今天这种程度，国家利益是其唯一的考虑，这在无意识中做出了符合历史客观要求的举动，从而推动了世界体育的进步。因此，其国际影响力的建立是不自觉的，有一定的偶然性，也正因如此，它们成为体育强国的过程中也出现了诸多不合时宜的弊病。中国不应该重复它们的错误，应当更理性地在国际视野中构建自己的国际影响力。中国是第一个由发展中国家崛起的体育大国，近代100多年的经历，发展过程中遇到的各种遏制、阻碍和困难，使中国可以促使国际体育向不仅有利于自己，而且惠及整个人类社会的方向发展。大国的崛起必然伴随着巨大的国际阻力，对中国尤其如此。我国不仅要科学地判断既有国际体育秩序，及时、准确发现和分析相关问题，还要在此基础上结合我国可利用的各类资源和渠道，选择并运用切实可行的方式方法，促使其朝着目标模式演变。从整体上来说，适宜我国提高国际影响力的策略如下：

1.在包容与和谐中加快国际体育格局的更新速度

当前的国际体育框架和秩序是在过去近一个半世纪中慢慢形成的，其中合理性的部分值得我们高度肯定，我们倡导世界体育的多样性，促进国际体育多元化的发展，从而增加它的包容性，扩大它的文化资源，使之真正成为包容五大洲的体育资源，服务于世界各国人民的全球社会文化活动。要做到这一点，国际体育改革的方向必须符合具有全球普适性的人文价值，促进世界体育发展的多样性所昭示的正是这种人文精神，是当今国际体育的整体利益之所在。它既具有广泛的号召力，也有强大的道德优势，是参与国际体育的各个群体无法拒绝的。

（1）充分挖掘和发挥国际体育既有框架和秩序的积极作用。中国从体育大国走向体育强国，仍然需要在既有的国际体育框架内有所作为：在有重大影响的国际赛事如奥运会上持续展示自己的竞技实力；在国际体育既有的版图上有所拓展，让中国更多地出现在不同的领域，如城市国际马拉松赛事、国际体育论坛、国际体育用品展销会等。

（2）因势利导地推动国际体育改革的进程。积极推动国际体育多元化的发展，推动国际体育的观念革新、组织革新和活动革新。重新认识竞技运动的人文价值本质属性，促使竞技运动的人本回归。促使国际社会重新认识发展中国家在国际体育中的位置和作用，认识到非西方的民族传统体育也是世界体育的宝贵资源，是跨文化交流的重要渠道，需要呵护并充分加以利用，使发展中国家通过参与国际体育，更加深入地认识和开发自己的资源，发展自己的体育，从而掌握更多的话语权，推动国际体育组织民主化进程。

（3）为非奥运项目的发展注入动力，提高国际体育容纳度。当前国际体育格局是将奥林匹克组织作为基本框架构建起来的。国际体育格局的优势是标准化、规模化、组织化，运作的时效性特点显著，但在项目吸纳方面已经基本饱和。就现阶段来说，大量游离于奥运体系之外的体育项目如何发展是迫切需要解决的问题。这些项目往往对特定的群体有特殊的吸引力和亲和力，在个性化参与日趋明显的未来社会，促进这些项目的国际发展可大大丰富国际体育的内容，也会对奥运体系有所助益。

2.在积极参与国际互动的过程中强内固本

国际影响力是双向的，既表现为一个国家对外的作用力，也表现为国际社会对该国的作用力，国际影响是在国内外作用力互动中产生的。因此，当中国体育对国际社会产生影响时，其自身也处于国际环境的影响中。这就促使中国在国际视野中，要以国际通行的标准或准则检查自己，在持续的对照和比较中反思自己，从而不断自我修正和自我完善。对国际社会的影响越深刻，其自身承受的反作用力也会越大。如此看来，中国的体育强国之路也是借国际社会的力量加速自我更新之路，如北京奥运会大大增强了中国对国际社会的影响，同时也深刻地影响着中国自身体育的发展，形成内外互补的良性循环。在国内外互动的背景中，重新认识中华民族体育文化的发掘、整理、扬弃和继承，加强对世界各种体育文化精华的学习和吸纳，加快中国体育的改革和创新。

3.加大对各传播渠道的拓展和优化力度

国际影响力在一定程度上表现为传播力，影响借传播而发生效用。要想使我国的国际影响获得预期的效果，必须精心改进我国现有的传播方式和机制。国外有学者认为，中国面临的最大问题不是文化的独特性，而是其影响力的普遍性。

如何让世界了解并理解中国，一直是我们需要解决却又未能很好解决的一道难题。不仅如此，中国正处于社会转型期，这意味着中国社会与体育在持续变化，这就进一步增加了外界了解中国的难度。改革开放40多年来，中国已经初步形成了自己的体育发展模式。这种模式在结构、功能、运作机制等方面既与其他国家的体育发展模式有相同点，也有不同于其他国家的特色。

## 二、体育强国的法制建设

### （一）我国开展体育法制建设的重要性和必要性

法制就是法律制度，是法律规范的制度，包括立法制度、司法制度、执法制度，当然这一切都离不开制度的表现形态——法律，法律制度是由法律规范所构成的。体育法制，即体育法律制度，是法制在体育领域中的运用和体现，是由国家权力机关制定的用以调整、确立体育活动的法律和制度。体育法制，既指静态意义上的体育法律，也指动态意义上的体育法律，即体育立法、体育执法、体育司法、体育守法和对体育法律实施的监督等各个环节构成的一个系统，还指体育活动中依法办事的原则、具有法治的精神和反映法治精神的制度，是一个成熟健全的法治社会的重要标志。国家民主法治建设总是伴随着社会的发展而发展，随着我国社会经济的改革开放，国家的法制建设也得到了相应的发展，也加快了体育法制建设进程的脚步。从人类社会发展历程来看，一个国家的体育事业要获得健康持续的发展，必须坚持和实行"依法治体"。这就要求国家建立比较完善的体育法制体系，将体育工作全面纳入法治轨道。立足于这个视角来分析，体育法制建设是一个国家社会发展程度的重要标志，体育法制建设可以从根本上推动我国法治体制的优化进程和改革进程。

我国建设体育强国的目标不只是局限于彰显我国竞技体育水平，借助这个载体把我国的文化和精神呈现给世界同样是重要目标之一。完善体育法制在发展体育中的重要作用，已是世界上许多国家的共识。体育法制建设不但是体育强国建设的重要部分，也是体育强国建设的有力保障。如果没有健全的体育法制作为保障，如果不对我国体育法制建设中的滞后状况进行改变，那么我国体育事业的发展就会受到制约和影响，落后的体育法制将会成为我国体育事业可持续发展的"绊脚石"。因此，建立完善的体育法制法规，让体育法制建设与社会主义市场经济发展需要相适应，与现代体育运动规律相符合，建立体育纠纷解决的良好机制、规范体育参与者的行为、制裁体育违法者，为解决体育发展中的重要问题和突出问题提供重要依据，对保障体育事业的健康发展、对体育强国的建设意义重大。

### （二）我国体育法制建设过程中需要解决的问题

#### 1.普法力度有待加强

尽管当代人的法制意识在持续增强，《体育法》也颁布了很多年，但有不少的国民都未能全方位了解体育法制建设的发展。群众对体育法律法规中赋予自己的权利、义务缺乏了解，他们了解体育法律法规的知识主要是通过电视、网络等途径。由于缺乏维权意识，他们不懂得运用各项体育法规来维护自己的合法权益，更谈不上对管理者们的执法、守法状况进行监督。无论是作为普通的百姓还是体育管理部门的管理人员，在遇到问题时，体育法制建设工作能否顺利开展，取决于全体体育工作者的法制意识，尤其是领导干部的体育法制观念。因此，有效惩治体育违法的手段和方法就有必要规范与加强，不能让体育事业因缺乏规章制度的保障而影响了发展。但需要重申的是，体育法制宣传教育才是提高体育法制普法力度的基石，所以说积极完善普法的方式方法有很大的必要性。

#### 2.立法滞后状况有待改善

法律作为上层建筑存在于社会发展中，它会随着经济的发展而发展。与其他社会事业相比，跟体育事业相关的法律法规数量较少，覆盖面较窄。就现阶段来说，体育领域的立法工作已经有很大进展，同时，体育实践中发生的新情况和新问题对体育法制建设也提出了挑战。要想解决这些新情况和新问题就需要有相应的法律法规对问题进行公平合理地解决指引。在我国体育事业持续发展的大背景下，体育竞赛管理、体育经营和市场管理以及解决体育纠纷等多个方面的立法都需要进一步完善。同时，配套立法同样需要加强。

### （三）推动我国体育法制建设的可行性策略

#### 1.提高普法力度，增强体育法制意识

体育法制建设应该把法律精神与文化对法制建设的影响与制约纳入考虑范

围，原因在于人的价值观是由特定理念支配的，提高国民体育法制意识有助于他们深刻领会法律在公民权利保障中的作用。因此，各级体育行政管理部门应采取多种形式和多种方法在全体公民中广泛开展体育法制宣传教育活动，特别要在体育工作者、裁判员、教练员、运动员中加大《体育法》的宣传力度，加强法律知识的学习，提高体育队伍的法律素质。通过各种体育活动，如比赛、表演等形式宣传《体育法》，以各种方式和渠道拓展体育法制宣传教育工作的深度和广度，提高普法的力度，使体育法制知识深入人心，为体育法制建设创造有利的社会文化环境和发展土壤。

法制活动需要依靠人来实施，体育法制宣传工作的实际成效和体育法制队伍的整体素质有很大联系，原因在于体育法制队伍的建设对体育法制工作的开展情况有深远影响。因此，各级体育行政管理部门要把法制宣传教育工作纳入重要议事日程，设立或指定专门机构、专职人员负责普法工作。把法制宣传教育纳入各单位目标责任制，把掌握法律知识、树立法制观念作为体育干部的必备素质。要做好普法的考核验收工作，使体育法制宣传普及工作不流于形式。要善于总结经验教训，研究探讨有效方式，在各行业形成学法、守法、护法、用法的良好风尚。

2.加快立法步伐，完善体育法律体系

众多实例表明，加快立法步伐和完善体育法律体系有很大的必要性。要想妥善处理好矛盾，就必须有法可依。

2011年9月，"中国法学会体育法学研究会"更名为"中国体育法学研究会"，并作为独立社团开展活动。从这可以看到相关专业人士和体育管理部门已经意识到，中国体育若想完成"体育大国"的转变，《体育法》的完善不可或缺。

在进行体育立法工作时，体育部门要围绕体育发展的中心任务和重点工作，找准切入点和突破点，要根据市场经济体制下体育发展的需要，把握好立法的时机。既要做好体育立法的预测、规划、指导、协调，使体育立法走向科学化、系统化，又要使体育立法对具有普遍性、全局性、根本性的矛盾焦点予以回应；既要使立法工作能及时跟进当前的体育实践，又要及时做好有关法规的清理工作；既要着眼于行使体育社会管理职能、服务社会经济整体发展，以提高全民身体素质为目的，又要避免借立法的机会争权夺利，以法谋私。

除此之外，体育立法方面要注重加快推进体育管理体制的改革进程，主要是指积极转变管理职能和加大对体育俱乐部方面的立法力度。由于我国体育工作的重心逐步向全民健身方面转移和调整，因此要制定与全民健身计划配套的行政法规。体育立法是社会生活和社会关系发展的必然产物。此外，针对目前体育实践中出现的各种问题，应该制定相应的适用性、实施性的法律法规，加强与此配套的一些具体立法。如要加强体育设施建设与保护方面的立法；加快体育经营与市场管理方面的立法；抓紧体育纠纷解决方面的立法；加强运动队伍和体育竞赛管理方面的立法等。总的来说，体育立法的目的是要明确各个职能部门和公民在发展体育事业和参与体育活动方面的基本权利、责任和义务，用法律规范去调整跟体育相关的广泛而复杂的各种社会关系，保证各类人群的体育权利和义务的实现，促进体育事业的繁荣发展。

# 第二章　文化研究视野中的体育文化

本章主要内容为文化研究视野中的体育文化，详细论述了文化的定义、特征及结构、体育文化简要分析、体育文化与人的社会化以及体育文化的传播与交流等内容。

## 第一节　文化的定义、特征及结构

### 一、文化的定义

从文化的词源及语义上看，文化（德语 kulter，英语 culture），都是从拉丁语 cultura 转化而来的，cultura 包括土地耕种、神明祭祀、动植物培养以及精神修养等各种含义。显然，这里指人类对文化创造的作用。后来在中世纪，文化有物质文化与精神文化之分，只是精神文化实指宗教文化。相比之下，德语中文化的意义较发达，英法的文化则取义于耕作、培养以及精神修养。至于广义的文化概念通常与 civilization（文明）相联系，互为代替。而在西方文化传统中，文化与人是不可分的。如拉丁语 civis（文明）指市民之事，由此转化为 civilas（形容词）或 civilasation（名词），指市民地位、市民权利，以及有市民的品格、教养等义。

在中国语言里，文化概念来自《易经》："观乎天文，以察时变；观乎人文，以化成天下。"文化指人世间人类的创造物——人文，并将它通过"化成"而对"天下"的状态进行改造。一是指对社会的改造和培育，二是指对人本身的教化。

然而纵观中外文献对文化的界定，可谓层出不穷。但是总的来说，主要有以下几种有代表性的文化解说。

泰勒的文化定义是影响最广的。作为英国的人类学家、文化史和人类学进化论学派的创始人，他认为，文化或文明，就其广泛的民族学意义来说，包括知识、信仰、艺术、道德法律、习俗和任务，人作为一名社会成员而获得的能力和习惯在内的复杂整体。

德国哲学人类学家米夏埃尔·兰德曼在他的名著《哲学人类学》一书中阐述说："文化按定义是由人自身的自由的首创性所创造的，而正是由于这个原因，人赋予文化如此多样的形式：一个民族不同于另一个民族，一个时代区别于另一个时代。但是，在创造文化的过程中，人创造了自己。"从总体上看，这一定义比泰勒的文化定义更前进了一步。当代文化研究大都与这种文化界定相近，而兰德曼所强调的是，文化创造是一种自由的形式化的过程。在这里，自身作为一个人、一个民族和时代一员诞生的证明，较为具体地阐述了人与文化之间的创造性的双向关系。

《中国大百科全书》（哲学卷）对文化的定义："文化即人类在社会实践过程中所获得的能力和创造的成果。"其将文化分为广义的与狭义的。"广义的文化包括人类物质生产和精神生产的能力、物质和精神的全部产品。狭义的文化指精神生产能力和精神产品，包括一切意识形态，有时专指教育、科学、文学、艺术、卫生、体育等方面的知识和设施，以及世界观、政治思想道德等与意识形态相区别的（方面）。"这种阐述主要是从人类创造性活动对文化形成、文化范围的作用方面讲的。它肯定了文化在人类活动过程中的地位和存在的性质。但是，具有很大的局限性：没有把文化作为人类活动本身的特征提示出来，只是讲了活动终端的现象，没有从前提、中介和过程特征上说明对人类实践和认识各方面的重要意义。因而，这种文化只能是静态的，并且缺乏内在灵魂的人类生命本质特征。

《中华文化史》一书对文化的定义弥补了它的欠缺，这种文化定义指出了文化的实质性含义。文化的实质性含义是"人类化"，是人类价值观念在社会实践过程中的对象化，是人类创造的文化价值，由符号这一介质在传播中的实现过程，而这种实现过程包括外在的文化产品的创制和人自身心智的塑造。这一文化定义有相当的深度，文化的实质在于人类化，揭示了人创造文化，同样文化也创造着人自身的道理。它不但阐述了人与动物生命活动的区别，而且指出了人类文明进步和文化发展的基本论证。

文化的存在和发展是同人的存在和发展紧密相连的，而文化概念的形成和发展是与人自觉意识到自身的存在及作用和意义紧密相连的。苏联弗·让·凯勒主编的《文化的哲学问题——历史唯物主义分析的尝试》一书中说："文化概念反映了人对自己在现实世界中的独立性和仅为人所固有的能动性的意识，这种能动性既不能归结为自然力的作用，也不能归结为神力的作用，它意味着对人自身'崇拜'的诞生，从而取代了古代所有其他的崇拜。"从中可以看出，文化概念的形成和产生是以文化本身的存在和发展为基础的，文化概念也将随着文化的发展以及人们对它的认识的发展而发展。

综上所述，文化是人类改造自然、认识社会和实践社会的活动总和，包括人类外在产品的创造和人自身心、智、体的塑造。

## 二、文化的特征

通过对文化定义的综合分析，我们可以得出文化的一半特征，具体如下：

### （一）学习性

人的行为可以分为本能的和学习的。那些作为社会文化部分的行为是经过后天的训练而学到的，这构成了人类行为的大部分。所有的动物都有一定的学习能力，这对于物种的生存是非常重要的。但人类学习的行为远远超过本能的行为。

一个人要成为社会中独立的一员，不仅需要一个长期的身体适应的时期，而且需要一个长期的学习如何思维和如何举动的训练时期，换句话说就是进行文化方面的训练。

体质生态是人类行为的基础。一方面人类通过学习来满足自身的需要；另一方面我们的文化能力——说话的能力、抽象思维的能力、制订长远计划的能力等，则取决于基因遗传而继承的体质特征，取决于复杂的大脑。但大多人类学家强调后天的文化学习对人的决定性作用，而先天的遗传仅是行为的基础。

### （二）发展性

文化就其本质而言是不断发展变化的。19世纪的进化论人类学者认为，人类文化是由低级向高级、由简单到复杂不断进化的。从早期的茹毛饮血，到今天的时尚生活，从早期的刀耕火种，到今天的自动化、信息化，这些都是文化发展的结果。以马林诺夫斯基为代表的功能学派认为，文化过程就是文化变迁。文化变迁是现存的社会秩序，包括组织、信仰、知识以及工具和消费者的目的，或多或少地发生改变的过程。总的来说，文化稳定是相对的，变化发展是绝对的。

### （三）时代性

在人类发展的历史进程中，每一个时代都有自己典型的文化类型。例如，以生产力和科技水平为标志的石器时代的文化、青铜器时代的文化、铁器时代的文化、蒸汽机时代的文化、电力时代的文化和信息时代的文化。又比如，作为文化的有机组成部分，赋、诗、词、曲分别成为我国汉、唐、宋、元各朝最具代表性的文学样式。时代的更迭必然导致文化类型的变异，新的类型取代旧的类型。但这并不否定文化的继承性，并不意味着作为完整体系的文化发展的断裂。相反，人类演进的每一个新时代，都必须继承前人优秀的文化成果，将其纳入自己的社会体系。同时，又创造出新的文化类型，作为这个时代的标志性特征。

### （四）综合统一性

尽管人们对文化的概念难以达成一致意见，但对文化划分为物质、制度和精神文化的基本观点是认同的。任何一个文化系统中的子文化，都有它自身的一个完备文化体系，都是一个综合统一体。文化的要素和成分尽管是多种多样的，但它们不是简单的、孤立的要素和成分，不是杂乱无章地拼凑。相反，各要素和成分之间是相互整合而统一的，这种统一性常常通过共同的价值体系和行为模式表现出来。

### （五）政治、经济性

政治、经济、文化是一个国家最基本的存在形态。政治、经济决定文化，文化反作用于政治、经济。人是文化的主体。在阶级社会中，人是分为不同阶级的。不同阶级（包括阶层）的人对文化有着不同的需求。不同时代的物质生产水平由此形成各种经济关系，并影响着文化的生存和发展。同时，文化生存的优劣，对政治文明和经济发展有很强的促进或促退作用，古今中外，概莫能外。开明的政治与文明的文化、发达的经济与先进的文化、专制的政治与专制的文化、落后的经济与落后的文化，都是相互依存和影响的客观存在。但是，文化的发展与经济的发展并不是同步的。当今中国，把政治、经济、文化、社会管理、生态文明与党的建设"六大建设"并提，这是建设和谐社会、治国理政的英明抉择。

### （六）普遍存在的具体性

文化是一种人类活动，是人类所取得一切成果的结晶。有了人类就有了历史，有了历史就有了文化。每一个社会、国家、民族，人们都生活在一定的文化系统中。这种文化系统还有一定的规则性，能依靠法律、制度、习俗、思维方式、价值系统等来引导或约束社会成员的个体行为，使他们的情感、思想与行为都纳入群体的价值目标与轨道。

### （七）世代相传的连续性

人类的文化具有历史连续性，是社会传承的结果，是超越个人而存在的。在文化的传承过程中，人们总是有批判、有选择地进行继承，并在继承中有所创新，有所发展，从而形成一定的文化传统。例如，中国文化五千年绵延不断，它独自萌发，慢慢形成，历久弥坚，从未中断，成为世界文化史上的奇迹。即使近代受到强势的西方资本主义文化的挑战，它也未丧失自己的特性。文化的继承与创新相统一，是文化连续性的保证；继承是文化连续之源，创新是文化发展之动力。文化体现了创造的意志力量，它与本能的生物学遗传或先天性行为方式是不同的。

### （八）民族和世界的辩证统一性

每个民族的文化都有着不同于其他民族文化的特点，这就是文化的民族性。任何形态的民族文化，都是适应本民族不同阶级阶层、职业、信仰和不同文化心理的人，以及不同的社会环境和生产条件而形成、发展的。这一民族所共同具有的文化历史渊源，承载着大体一致的文化积淀，从而形成本民族的文化特质并促进发展，这是某一民族文化包容性的体现。一个多民族国家的文化，例如，中华传统文化，是包容了56个民族文化的特征，并由一种带有共同倾向的心理素质和文化特征，把各民族凝聚成一个整体。它是一种具有独特的中华民族性格和传统的文化形态。在这个多民族的文化整体中，各个民族仍保持着那些具有自身传统和特色的文化因素，如本民族的语言文字、风俗习惯、宗教信仰等。所以说，文化的民族性是一种多元的文化形态。

文化是民族的，也是世界的，是民族性和世界性的辩证统一体，这是文化包容性最为突出的标志。在当今世界上，任何一种成熟的文化，都是属于全人类的，纯粹独立的民族文化是不存在的。文化通过各种传播媒介在世界各国之间相互传播，发生交流与冲突、选择与融合，并导致各民族文化的发展或迁移。即使在交通落后、信息闭塞的古代，世界各个民族之间的文化交流，也始终在通过各种渠道（如战争、经商、人员往来等）进行着。中国历史上佛教文化的传入、明朝以来的"西学东渐"就是证明。同时，任何一个民族所创造的文化，只有既具民族特色，又能积极融入世界文化之林，并汲取人类一切文明成果，才最具有生命力。只有在世界文化中占有一定的份额，才能成为文化大国。

综上所述，文化是指人类历史实践过程中所创造的物质财富和精神财富的总和，是指社会意识形态以及与之相适应的制度和组织机构，是一定时期社会政治和经济的反映。从广义上讲，文化泛指人类在社会历史进程中所创造的物质财富和精神财富的总和。从狭义上讲，则特指精神财富。而中国文化，一般是指中华民族世代相传的精神财富，内容非常丰富深邃，它包括自然科学和社会科学的各个门类以及人们的理念、风俗、信仰等。

## 三、文化的结构

文化作为整体存在的"超有机体"，它的内在本体就是文化结构。文化结构是对有机整体性文化的内存关系的抽象，它包括两方面含义：一是可以自己说明自己，二是可以形式化。文化结构决定了文化的性质与功能，中国文化之体决定中国文化之用，二者密不可分。文化结构有表层文化结构与深层文化结构。文化心理结构是最具模式化的心理反应，鲁迅研究中国的"国民性"就是着眼于病态的文化心理结构。

当然，一个民族的整体文化或一个具体的文化特质，都有其层次结构。文化层次有"三层次说"和"四层次说"。三层次说是把文化看作一个三层次同心圆，表层为物质层面，中层为制度层面，深层为心理层面。四层次说是物质文化、社会关系、风俗习惯与艺术文化、精神文化。余英时教授认为，首先是物质层次，其次是制度层次，再次是风俗习惯层次，最后是思想与价值层次。大体而言，物质的、有形的变迁较易，无形的、精神的变迁则甚难。

# 第二节　体育文化的构成

## 一、体育文化的界定

关于体育文化的内涵，学界给出了多种解释。有学者认为所谓体育文化，就是人类在所有的体育现象及促进体育发展的活动中，在价值观念、精神状态、情感倾向等层面，在理论认识、方法手段、技能技术等层面表现出来的思维方式，在有意识的实践活动中表现出来的行为方式的总和。

德国学者 G.A. 菲特在 1818 年出版的《体育史》中提到 physical culture，他指出该词是指斯拉夫民族的沐浴和按摩等保健养生活动。《韦氏国际大辞典》也称身体文化为"有关身体系统的保养"。有的解释更为宽泛，认为身体文化是用科学和美的规律、生命的规律来解释的文化表现体。

20 世纪，对身体文化这一概念的解释和使用变得更为多样化。现代奥运会创始人顾拜旦认为，体育文化是旨在促进健康和增强体力的身体运动体系，是与自然的运动形式相对应的人为的体育形式；也有人认为身体运动不仅要用科学来解释，它还显示出生命的旋律和美，是文化的表现体；还有人的解释更为宽泛，认为身体文化是包括从身体涂油剂、颜料，营养摄取、入浴设施直至身体训练的运动器械在内的各种文化现象的总体。第二次世界大战后，苏联和东欧各国把"身体文化"作为关于体育的最广义的概念来使用，认为它是整个文化的组成部分。凯里舍夫在《苏联体育教育理论》中，对身体文化的定义是："改善苏联人民健康、全面发展其体能、提高运动技巧以及创造体育教育专有的精神和物质财富等方面获得的成就的总和。"

1974 年，国际体育名词术语委员会出版的《体育运动词汇》指出，体育文化是"广义文化的组成部分，它综合各种利用身体锻炼来提高人的生物学和精神潜力的范畴、规律、制度和物质设施"。

易剑东在《体育文化学》中对体育文化的表述："体育文化是指作为人的身心健康和全面发展为目的的身体运动及其相关文化体"。

杨文轩在《体育原理》中认为"体育文化是在增进健康、提高人们生活质量的过程中创造和形成的一切物质的和精神的财富，包括与之相适应的社会组织及其规范体育活动的各种思想、制度、伦理道德、审美观念，还包含为达成体育目标的各种改革措施以及相应的成果"。

卢元镇教授指出，体育文化是关于人类体育运动的物质、制度、精神文化的总和。它大体包括体育认识、体育情感、体育价值、体育理想、体育道德、体育制度和体育物质条件等。体育之所以成为一种文化现象，主要是因为：第一，体育运动是人类为了生存和发展而创造出来的一种社会活动，是与自然和天然相对的人造物，是后天获得和形成的，具有非遗传的特性；第二，体育运动具备文化的各种特性；第三，体育运动不仅具有外在的、为适应生存环境创设的身体活动形式和设施、器材等物态体系，而且具有内在的价值观念、意识形态、行为规范，以及与之相适应的制度等。

体育文化作为文化的一个分支，文化是体育文化的上位概念。体育文化是人类文化的有机组成部分，是关于人类体育运动的物质、制度、精神、行为文化的总和，是社会文化的亚文化。体育文化包括了人们的体育认知、体育情感、体育价值、体育道德、体育制度、体育文化产业、体育物质条件等，其核心包含体育观念、意识、思想、价值等精神文化。从文化学和社会学的角度看，体育文化建设比单纯地开展体育运动更为重要和迫切，更能促进人的全面、自由、和谐发展，并实现着个体人格与社会人格的和谐统一。

也就是说，体育文化是以强身健体、愉悦身心、振奋精神、寻求积极生活方式等为主旨的体育运动及其所创造的物质与精神财富的总和，尤其是对人的思想意识、价值取向的影响。

## 二、体育文化的体系

体育文化的结构是体育文化系统在发展过程中保持整体性并具有巨大功能的内在根据，它同时也决定着体育文化的特征。

　　笔者认为，体育文化并非许多东西的简单堆积，而是一个有系统、有组织的复合体。其各个组成部分互相影响、密切联系，形成一个系统。它由四个层面构成：第一层是体育物质层，是体育文化的基础，是满足体育文化的主体，是进行体育实践活动的重要保障。主要包括体育设施、器材、体育雕塑、体育服装和各种体育形态等。第二层是体育制度层，指对大学体育起规范作用各种学校体育法规和条例，国家和学校制定有关大学体育发展的相关规章制度，及各项体育运动的裁判规则等，它们对在一定范围内对体育文化的主体的体育行为，具有一定的强制性。此外，还包括体育部门、体育协会、运动队、体育俱乐部等各种体育组织和组织规则。体育文化的制度层是关键，对其他三层起纽带作用，它是体育文化系统中最具有权威的因素，并规定着体育文化整体的性质。第三层是体育行为层，指体育文化主体在体育实践活动中以约定俗成的方式构成的体育行为规范、体育行为表现方式和内容，主要以体育习惯来体现。第四层是体育精神层，起主导作用，主要包括体育思维方式、体育审美情趣和体育价值观念。其中体育价值观念是体育文化的核心，它决定着体育文化的发展目标。一般来说，体育文化除受来自外界的种种有形的、物质的、他律的、带有强制性的制约外，还受来自种种无形的、非物质的、自律的和不带任何强制的内在良知的、制约和社会的、教育的、政治的、文化的各类形形色色的现象和观念的影响。

　　在体育文化结构中，体育精神文化蕴含着文化主体的认知成分、情感成分、价值成分、理想成分，其中体育精神又是体育文化活动中最活跃的因素，决定着体育文化的行为表现效果，决定着体育文化传统的形成和文化走向，体现着文化主体的主观愿望和文化品位。

## 三、体育文化的功能

　　体育文化是一个大系统，包括众多的子系统，其中的每个文化因子都具有特殊的文化功能，是它的诸要素与外部环境相互联系中表现出来的作用和能力。体育文化功能的发挥，也是体育文化主体一人展示自己主体性的过程。

### （一）健身功能

　　体育文化健身功能的主要表现是提升了人类生命质量。体育的本质就是人的自然化。自然属性是认识体育与人之间关系的基点，特别是随着现代科技日新月异，体育在保持和发展人的自然属性、避免自身"异化"的加重和从恐怖的"文明病"中解脱出来方面扮演着重要的角色，也正是在这点上才体现出源于身体运动的体育文化所特有的存在价值。可以说现代生活方式给人类带来众多便捷与舒适的同时，也给人类的生命健康带来了隐患。防止"文明病"的办法有很多，包括饮食、医疗、环境等方面的，而适宜的体育运动是最积极有效的防治方法。体育文化有着深厚的生理学基础，对人类呼吸系统和心血管系统机能与形态的改善与提高、对身体免疫能力的增强、对健美形体的塑造均有良好的促进作用。应当看到，通过体育运动来调节人们的精神，增强人们的体质，丰富人们的社会生活，已经不仅是个体的需要，也是整个社会的需要，不仅是提高社会生产的需要，也是保证人体健康和人类正常生命活动的需要。

### （二）教育功能

人在成长的过程中，教师教授各项运动，还有观看表演比赛、投身竞技、娱乐等，这一切正是体育文化起到的作用。体育文化自始至终潜移默化地培养着人的体质和性格，促使人们形成健康的现代生活方式和良好的心理素质。这些体育与生俱来的特点，使它成为现代人能够不断完善自我的手段和方法。

现代体育文化的教育性已不仅是促进生长发育、增强体质、掌握运动技能，而是需要培养终身从事体育的兴趣和习惯，改善生活方式、提高生活质量，以适应现代社会的需要。通过体育比赛，能培养人们的顽强意志、竞争创新意识和团队精神，能极大地提高人们的责任心、使命感和爱国情，并能产生巨大的吸引力、感召力和凝聚力。

### （三）凝聚功能

体育文化的聚合、凝结作用力量巨大。一方面，不同国家、不同民族、不同文化修养和不同政见者可能会因为同一场体育活动聚合到一起。伦敦奥运会的参赛团体达到 205 个国家和地区，创造了有史以来奥运会举办中参赛国最多的纪录。体育文化这种超越思维方式、思想观点、价值理念的凝聚功能是其他具体文化难以具备的。另一方面，体育文化作为民族团结旗帜的历史现象屡见不鲜，从反抗侵略的奥运抵制，到显示富强的竞技争光，体育文化的凝聚作用显而易见。现今从国家团体到企业公司都非常重视体育文化所蕴含的凝聚功能，体育文化作为一种团队文化，在凝聚人心、抵消矛盾冲突方面有独特作用，人们在参与、观看体育比赛时，内心潜在的集体荣誉感、团队归属感得到很好的显现，从而使具有同一地缘、血缘、族缘的人们凝聚在一起。

### （四）竞争功能

社会需要发展，国家需要富强，民族需要强盛，个人需要进步，无一不与竞争发生联系。竞争已渗透到社会生活的各个方面，产生了巨大的影响，面对竞争给我们生活带来的变化，它迫使人们迅速改变一切不适应社会发展的观念习俗和行为，在竞争中不断战胜自我、超越自我、完善自我。这种竞争精神和超越意识，不仅是我国改革开放加快经济建设所需要的，也是现代人必须具备的。

### （五）交流功能

在历史的长河中，体育文化始终充当着重要的交流手段和交往内容。一场声势浩大的体育盛会，能承载政治、经济、思想、科技、教育、文化等多方面的交流，实现人类文化的全面交流。体育作为超越语言类层面的符号系统，可以突破语言差异、文化隔阂等障碍而达成跨文化交际。体育运动中所表现的健、力、美，以及顽强拼搏、团结协作、不断超越的精神可以引起人们的共识与共鸣，从而达到心与心的交流。尤其是现今奥林匹克运动在全球范围的普及与推广，借助于体育文化的平台人们能达到多层面、多角度的交流。另外，体育文化对于政治交往具有独特的作用，就像"乒乓外交"一样。

### （六）休闲娱乐功能

体育作为人类积极维护健康的手段，是人类文化的积淀和理想的追求，是人类身体和精神的乐园。体育是一种活动性的身体文化，给人带来欢乐，放松身心，陶冶情操。随着物质生活条件的改善和工作时间的缩短，节假日的增多，人们积极参与休闲娱乐活动，获得生理上的快感和心理上的愉悦。集游戏性、艺术性和娱乐性于一体，显示出它休闲娱乐功能。体育与休闲娱乐相结合，才能成为健康生活的重要内容。

### （七）心理调节功能

体育运动不是简单的强体操练，不是纯生物的身体改造过程。德国教育家雅斯贝尔斯在《时代的精神状况》中指出："在体育运动中，我们仍发现和感觉到某种伟大的东西弥漫于这个事业上。体育运动不仅是游戏，也同样是心灵的创造，是一种升华，是一种精神上的恢复。"体育文化对人类健康心理的塑造有积极作用。在参与体育运动过程中，个体的不良情绪得到有效的宣泄，生活中、工作中产生的各种压力、紧张、抑郁、焦虑等对身心有害的情绪，在个体参与激烈竞争的比赛中、在旋律优美的健身舞蹈中、在轻松愉快的闲暇漫步中都消失殆尽，取而代之的是身心的放松，是积极奋进的力量，是坚强有力的意志品质。体育运动包罗万象，有各种各样富有特色的运动形式。因此，对人们心理的触动是不同的，产生的情绪、情感体验也是有差异的。西方竞技性的运动项目使人产生了不断超越、不断奋进、积极进取、勇于探索与拼搏的竞争性心理，也使得个体在强烈身心体验的同时排解了负面情绪，奥林匹克"更高、更快、更强"的运动格言形象地阐释了西方体育文化对个体心理的影响。东方体育文化则更多地反映出追求修身养性、自然和谐的倾向。在参与某些活动中，通过呼吸的调解，个体进入冥想、忘我的自然境界，追求的是身体在自然状态下的超越，对于缓解紧张、焦虑等不良情绪有积极的功效。

### （八）存储、传递的功能

体育设施、场地、器材、运动服装等物质层面的文化，以其本身自然物质形态记载着不同历史时期的体育文化，折射出时代发展的痕迹，映射出时代变迁的轨迹。从体育器械的变化可以明显看出时代发展的痕迹。史前体育文化有原始性的特点，表现在还没有完成与劳动过程的最后分离，许多体育用品，如弓箭、标枪、船等直接就是劳动工具。许多技能，如跑、跳、投掷、攀爬、游泳、划船等直接就是生产和军事技能。而随着社会的发展，专门性的军事体育训练工具和体育娱乐舞蹈等出现。

体育的传媒是现代人获取体育文化信息最直接的来源，推动着体育文化的广泛传播。没有现今的体育文化书籍，我们就不会知道体育的历史，没有体育赛事的转播、体育报纸和期刊的出版，我们就不会知道体育发展的动态。据国际奥委会统计，全世界有一半以上的人通过阅读报刊了解奥运会及各种单项比赛的赛事。中国图书分类法中指出，体育类的图书包括体育理论图书和与世界体育事业的相关图书。体育理论图书又包括体育教育、体育训练、体育伦理、体育美学、体育生化基础科学等。体育事业图书包括体育制度、体育方针、体育组织、体育运动技术总论等。可以说，种类繁多的体育文化图书、直观清晰的体育影像材料作为体育信息的载体，有效地促进了体育文化知识的传播。

现代奥林匹克运动会的一些原则、竞赛制度和规章，就是在对古代奥运会相关的规则制度继承和创新的基础上发展起来的。我国的奥运争光计划、全民健身计划纲要等都是体育文化制度随时代演变的创新成果。体育的理念延续并规范人类的价值意识，快乐体育、终身体育、健康第一、以人为本的体育理念，是人类对体育文化价值认识不断加深的结果，是时代赋予体育文化的新内涵。

# 第三节　体育文化与人的社会化

## 一、体育文化与人的社会化内涵解读

社会化不仅对个人的生存、发展至关重要，而且对社会的生存和有效运作起到关键性的作用。事实上，没有社会化就没有社会，通过社会化，社会文化才得以积累和传承，社会结构才得以维持和发展。作为社会成员必须具备相应的条件：发展人格、自我、角色借用。要达到这些目的，必然需要经过一定社会化过程才能实现。通过社会、技能与规范的教育，从而逐渐学会社会知识、技能与规范，最终形成自觉遵守、维护社会秩序以及价值观念与行为方式的社会人。而体育活动特别是竞技体育能促使人达到对社会环境的良好适应能力，对提高人的社会健康水平，成为社会人，有非常重要的意义。这是由体育活动的社会特征决定的。在竞技体育活动中形成交往合作，竞争遵守规则的意识和行为迁移到日常社会生活、学习、工作中去，使我们发现许多人并不是自觉地以个体的社会化为目的而去从事体育运动，在这个过程中实现了或加速了自己的社会化进程。现代社会中，竞技体育对人的社会化功能越来越重要，它向人们提供社会规范教育的场所和实践社会规范的模拟机会，引导人们融进社会的价值观念体系。

体育对人的行为、态度和观念有综合影响的功能，这种综合影响的功能最终表现为人的社会化。当人在体育活动中接受来自外界的刺激后，首先对刺激进行分析；然后又通过必要的思考进行选择，引起对外界刺激做出反应的动机；最后才表现为做出反应的行为过程。对外界刺激的反应必须受到社会行为规范影响和制约，这种受到社会行为规范肯定或否定的经验就会成为人们自身的一种观念。下一次的相同刺激出现，人们就会根据自己的观念表现出对刺激的不同反应。理所当然地产生了人的社会行动和信念的规范化，这个过程就是人在体育活动中的社会化过程。

## 二、体育在人的社会化过程的作用

随着人类社会的快速发展，高等教育的改革与大学生的社会化越来越紧密。这是因为大学生在学校期间成长过程和社会化程度将直接影响着他们能否被社会所接受。高校体育文化作为高校校园文化的重要组成部分和体育文化的亚文化，是深受大学生喜爱的一种健康高雅的校园群体文化，已经成为大学生社会化的重要影响源。因此，高校体育文化对促进大学生社会化的推进起到了积极的作用。

### （一）促进人的心理发展

#### 1.促进情感的发展

体育运动是一种极富感情色彩的高尚活动，它对人健康情感的培养有重要的作用。体育运动的团队性，不仅要求参加者要充分发挥个人才能，也需要参加者之间协调配合，通力合作。因此，要求参加者在体育运动中必须正确处理好个人与个人之间、个人与团体之间的关系，一切行为都要符合集体的利益。这有益于培养个人的团队意识和集体主义精神，形成良好的道德情感。在体育运动中，由于各种多变的情况，导致人的思想和情绪也随之不断变化，这就要求参与者善于控制自己的情绪，以社会的道德规范和行为准则约束自己的行为，对提高在复杂情况下情绪和理智的稳定性有积极的意义，有利于人与人之间的沟通和情感交流，加强了人际的亲和力。

体育运动以其独特的形式影响着人们的情感。竞技体育是一个国家的综合实力与民族精神的集中展示，这种展示是在与他国、他队的激烈较量中实现的。正是这种参与感和认同感，奠定了观众对比赛胜负所持的情感判断基础，使他们在观看比赛的过程中，情不自禁地与自己的队伍融为一体。

2.抗挫折能力提高

体育运动是身体与智慧的结合，为了完成一个技术动作，需要成百上千次的反复练习，在这个过程中必然会受到多方面的挫折，只有坚持才能在挫折中寻找到前进的道路，尝到成功的喜悦。体育运动具有竞争性，在相争过程中必定有胜利者和失败者，竞赛过程受多种因素的制约和影响，竞赛结果的不确定性，任何人、任何队都难以保持永远不败。面对体育运动中不可避免的失败和挫折，客观上要求参加者要有一颗平常心，正确对待失败和挫折，不能被一时的失败打倒，应及时总结经验教训，从失败中找出取胜的对策和办法，重新参与竞争，争取胜利。只有不畏艰险，登上成功的顶峰，才能真正体验到成功的全部乐趣。

3.促进大学生个性社会化

高校体育文化为大学生个性发展提供了广阔的舞台。在高校体育文化的学习与实践过程中，学生在身体和心理会获得应有的感受与体验，感受与体验直接作用于大学生个性社会化。从体育运动本身来看，体育运动需要有体力、智力、情感和行为的参与，使得每一位锻炼者在锻炼过程中有许多机会展示自己个性中的优势部分，找到自己的弱势部分，并决定采用何种方式取长补短。如参加者必须在困难面前进行自我约束、动员、暗示、命令和体验，及时克服一个又一个困难与障碍，在这个过程中，大学生的主体能力得到释放和提高。从体育教学来讲，学生不仅可以广泛地参加交往活动，还可以从体育运动中体验到成功的喜悦，满足自我实现的需要，从而证明自己的能力，增强自信与自尊，使个性得到充分的发展；学生还可以在一个宽阔的领域里尽情游戏、运动、竞赛，表现出创造性、应变性和组织才能，尽其所能、扬其所长、斗智斗勇，他们的个性可以充分地展现出来，也可以在活动中得到充分发展。

### 4.克服心理缺陷

体育活动可以辅助治疗心理缺陷。各项体育活动都需要较高的自我控制能力，坚定的信心，勇敢果断和坚韧刚毅的意志、性格等品质作为基础。因此，有针对性地进行体育活动，是弥补心理缺陷、培养健全人格的有效方法。坚持参加足球、篮球、排球等集体项目的锻炼，能帮助人慢慢地改变孤僻的性格，逐步适应与同伴的交往，克服自己不合群、不习惯与同伴交往，孤独、怪僻的心理缺陷；经常参加游泳、滑雪、拳击、摔跤、体操等项目的锻炼，可以培养人勇敢、不怕困难的精神；乒乓球、网球、羽毛球、跨栏等项目能培养果断的性格，可以帮助克服优柔寡断的心理缺陷；如果是遇事容易急躁、感情容易冲动的人，多参加下棋、打太极拳、游泳、慢跑等缓慢、需要耐心的项目，这类体育活动能帮助调节神经活动，增强自我控制能力，稳定情绪，使容易急躁、冲动的弱点得到改善。因此，通过运动可以发散多余的精力，抒发健康积极向上的感情，消除精神紧张，驱散愁闷抑郁情绪，克服羞怯感，减轻束缚感，从而乐观地面对现实。

### （二）促进人的生理机能的改善

#### 1.心血管系统机能的改善

心血管系统是人体生命活动的运输线，在促进人体新陈代谢方面具有重要作用。经常从事体育锻炼，可以使心血管系统的机能得到明显的改善和增强。主要表现在：第一，长期进行体育锻炼，心肌纤维逐渐增粗，心壁增厚，心脏收缩有力，心腔也逐渐增大。研究表明，经常锻炼的人心脏比一般人的大一些，且外形圆滑，搏动有力。第二，经常进行体育锻炼，随着每搏输出量的增加，每分钟心跳次数就会减少。这样由于心跳减慢，心的舒张期延长，心脏就可以得到较为充分的休息，心脏的工作能力更加持久和高效。第三，经常从事体育活动，加速了全身的血液循环，使人体的毛细血管增多，增大了机体的供血量，提高了机体新陈代谢的能力和肌肉持续工作的能力。此外，经常进行有氧锻炼，可以使血管变粗、口径增大，尤其是冠状血管的口径增大，改善了心脏的血液供给，对防止冠心病的发生具有重要意义。

#### 2.新陈代谢与适应性变化的促进

新陈代谢是一切生物生活的基本特征，包含同化作用和异化作用两个方面。

机体不断地从外界摄取营养物质合成自身的组成成分和储藏能量的过程称为同化作用。机体不断地将已衰老的组成成分和能源物质分解，释放能量，完成各种生命活动的过程，称为异化作用。当新陈代谢积极旺盛，同化作用大于异化作用时，机体处于生长发展阶段。当新陈代谢迟滞衰退，异化作用大于同化作用时，则导致机体的衰老，各器官、系统的功能减退。一切生物体均有对外界环境刺激与变化产生适应的能力。这种能力在新陈代谢过程中，表现为在一定条件下，通过有意识地加大异化作用，可以获得代偿性的加大同化作用的结果，从而保持新陈代谢水平的平衡和提高。体育活动是人们有意识、有目的、有计划地消耗体能的身体活动，加强机体的异化作用，求得恢复过程的同化作用增强，机体的储备水平提高，可以使机体向更完善的方向转化。

### 3.呼吸系统机能的提高

经常参加体育锻炼，可以提高呼吸运动的功能。因为在锻炼过程中，由于肌肉剧烈运动，需要消耗大量的氧气和养料，产生大量的二氧化碳，在神经系统的调节下，呼吸系统必须加强工作，长此以往，呼吸系统的结构和功能就能得到改善。据统计，经常参加体育锻炼的大学生，胸围比同龄的学生一般要大 2~3 厘米，肺活量相差为 400~1000 毫升。

由于提高了肺的容量，在定量活动中，经常参加体育锻炼的学生呼吸次数比一般学生的少，呼吸深度比一般学生的要大。一般学生的呼吸深度为 300~600 毫升，而经常参加锻炼的学生呼吸深度为 500~600 毫升。锻炼时进行合理的呼吸，有利于保持体内环境的基本恒定，提高锻炼效果和人体机能的能力。人在剧烈运动时，由于肌肉需要消耗大量的氧气，会出现暂时供氧不足或乏氧现象，故称为氧债。经常参加体育锻炼的人，由于他的呼吸功能和血液循环系统功能的提高，运动时欠下的氧债少，运动过程能持续较长时间，运动结束后的恢复也非常快。

### 4.骨骼、肌肉生长的促进

在体育活动过程中，一方面由于血液循环的速度加快，能改善骨骼的供血和营养水平，加速造骨过程，有利于骨骼的生长；另一方面，运动中肌肉对骨骼的牵拉作用，使骨的机械性能得到提高，骨的形态和质量也发生了积极的变化。肌肉联结处的骨突增大，骨密质增厚，骨小梁在排列上能适应肌肉拉力和压力的作用，使骨骼变得更加坚韧，提高了骨骼抗折、抗弯的能力。同时在体育活动中，肌肉工作加强，血流量增大，肌纤维增粗，使肌肉逐渐变粗壮、结实、有力。

### （三）体育文化与价值观念、社会角色

#### 1.体育文化与价值观念的形成

价值观是指人在生活和实践中产生的一种用以支配人的判断和选择，决定人的态度和行为指向的观念。体育文化在个体的价值观念形成过程中能够起到重要的促进作用。价值观是人们内心深处的评价标准系统。价值观一旦形成，就相当于人们内心深处有了价值判断标准。通常我们说一个人成熟了，主要标志是他已形成了自己稳定的价值观。参加体育运动有助于人们价值观体系的形成。体育运动规则和行为规范中所蕴含的价值观念对人们的价值体系的建构有着潜移默化的作用，有助于青少年今后职业的选择和事业的确立。特别是体育超越自我的进取精神，对人们形成积极的人生态度具有重要的意义。

#### 2.体育文化对人的正确价值观形成的意义

体育文化之所以存在，其哲学意义在于对人的肯定，是追求人的价值和人的权利的过程，是发展和完善人的身体和精神的过程。体育承认人的肉体存在的合理性，可以令人体验到现代生活的乐趣、自由和幸福，培养积极的进取精神和高尚的情操。体育文化所传播的奥林匹克精神、奥林匹克原则、体育道德都有很高的社会理想价值。体育文化所弘扬的公正、民主、竞争、协作、团结、友谊、谦虚、诚实等道德观念，是社会发展所不可缺少的，对青少年甚至社会成员都有教育意义。

#### 3.促进大学生角色社会化

高校体育文化可以促进大学生角色社会化，为其提供社会实践的空间。如活跃在高校体育文化中的各种体育协会、体育俱乐部和课余体育竞赛等，基本上都是学生自我组织自我管理。在活动过程中，每个学生都扮演着不同的角色，从而得到更多的角色预演机会，使其锻炼才能，增长才干，提高角色扮演能力，对大学生获取社会工作和生活技能具有促进作用。

## 三、体育文化对人生各阶段发展的促进

### （一）儿童技能与智力开发的促进

1.儿童智力开发的促进

专家认为 5 岁前是儿童智力发展最快的时期。这一时期儿童已具备初步分析与综合的思维能力，虽然具体性和随意性仍占主导地位，但抽象概括性和有意性也正在发展。这一时期良好体育文化氛围的形成，有利于儿童的健康成长，适当的体育锻炼不但可以促进儿童的身体发展，增强体质，还能满足儿童身体活动的愿望，有利于良好个性品质的形成。体育是一种文化，经过千百年的发展，逐步形成了自身的知识体系，通过对体育的学习，参与体育活动，可以提高儿童的思维能力，增强儿童的记忆能力，提高儿童的观察能力等，达到促进儿童智能发展的目的。

2.儿童技能开发的促进

体育锻炼作为儿童掌握技能的一种手段。在儿童的身体发育阶段结合运动技术的特征对儿童进行身体塑造，以达到培养人、完善人的目的。

各种身体练习是体育活动中不可缺少的组成部分，它们源于生活，又高于生活，对培养生活技能有极大的帮助。人的生长发育是一个连续的过程，在这个过程中形成了不同的发育阶段，各个阶段都有自身的特点。小孩在学会走路的基础上发展到可以跑跳了，这表明儿童的身体正逐渐向可以完成高级技巧的方向迈进，能够在正确的引导下由简单的动作向组合动作过渡。在一种良好的体育文化锻炼氛围中，儿童通过参与体育运动，在呼吸系统方面，儿童的呼吸器官加强了工作，呼吸器官得到了锻炼，人体新陈代谢的能力提高了。在心脏功能方面，心肌逐渐发达，心肌兴奋性和收缩能力提高，心脏的每搏输出量增加，心脏的间歇休息时间延长，从而增加了心脏的功能储备。在血液循环和神经系统方面，儿童的血液流速加快，流量增加，神经系统的功能得到改善，骨骼生长速度加快，肌肉系统肌原纤维的体积增大，从而可以促进儿童的生长发育，使儿童有更充沛的体力和更旺盛的精力去掌握生活技能。

## （二）青少年良好行为规范养成的促进

体育运动本身是一个有章可循的，有一定约束的社会活动，又是在一定的执法人的直接监督下有组织地进行的，这对培养年轻一代遵守社会生活中的各种准则是一个很好的强化。

### 1.体育运动的规则性

体育起源于游戏，然而它区别于游戏，这是因为体育的发展经历了一个在规则的约束下不断创造和完善的过程。体育运动在每一个细节上对参与者都做出了很强的规范性，违反了这些规则将会受到制裁。因此，体育规则是体育运动得以存在和发展的基础，是体育比赛顺利进行的前提和保证。体育运动的每一个项目都有它特有的规则，正是这些特有的规则使得体育运动呈现出各种不同的形式。

体育规则对体育运动的发展有三种作用。其一，对活动参与者的规定。规定参与者必须做什么，可以做什么。其二，对活动过程目标的规定。使用规定的技术使体育参与者达到具体的目标。其三，对阻碍活动发展的方式、行为等禁止。这种禁止有助于界定这项体育活动。体育运动的规则性保证了体育运动的存在性，运动规则的合理性保证了体育活动的参与性。

### 2.在运动中养成良好的行为规范

体育作为一种特殊的社会文化形式，激烈的对抗竞争、频繁的人际交往和多种形式的群体活动是这一文化活动的鲜明特征。在这个领域中确立了各种明确而细致的行为规范，并通过裁判、公众舆论、大众传媒等进行监督和实施。由于体育的规范训练可以经常重复，而且对规范的违反不会给社会造成严重的损失，这一过程可以在教师等人的指导下进行。这使得体育活动的参与者学习到体育活动的行为规范后，懂得了规范的一般特点，有利于理解后学习其他社会规范。

## （三）大学生社会适应能力的提高

### 1.和谐人际关系的形成促进

人际关系反映着在群体活动中人们相互之间的情感距离和相互吸引与相互排

拒的心理状态。人际关系直接影响着个体工作的积极性，影响着群体的团结协作。现代社会强调的是团队精神和人与人之间的合作，只有在和谐的人际关系中才能发挥出群体的力量，才能激发出个体最大的潜能。体育运动在发展健康的人际关系，加强人与人之间的沟通与交流，提高协调人际关系能力方面具有积极作用。体育文化能在不同的情况下改变体育参与者的心理状态。体育活动是在相互交往、沟通、交流中进行的。在多种形式、内容的活动中，人们通过语言、行动、情感相互作用、相互影响，加上体育活动的人际互动是在开放环境里，在非功利性、平等、友好的情境下进行的，因而它更容易使人们沟通与交流，在互相学习、竞争、合作的气氛中建立友好的人际关系，增强人际交往的情感体验，培养与人和平相处的意识和能力。

2.大学生交往能力的提高

伟大的革命导师马克思曾经说过，人是各种社会关系的总和，每个人都不是孤立存在的，他必定存在各种社会关系中，如何理顺这些关系就涉及社会交往能力的问题。善于与人交往，将会从中学到很多书本上学不到的东西。而良好的校园体育文化，将为大学生营造一个和谐的人际交往氛围，各项体育运动为大学生的交往搭建了一个友好的交流平台。因此，作为体育文化的一个亚文化，高校体育文化在提高大学生人际交往能力方面起到了熏陶和培养的作用。体育文化弘扬的是一种积极参与、团结互助、努力拼搏、公平竞争的精神，体育运动对提高大学生社会交往能力有积极作用。体育活动，特别是集体项目，需要有众多人通过默契配合、集体合作、顽强拼搏来取胜，在训练和竞赛中，这种合作增进了人与人之间的情感交流，加深了友谊。体育活动是不分性别、不分民族、不分地域，按照规则进行的一种活动，众多人在一起切磋技艺，交流心得，共同演练，为人们提供交往的机会。通过交往，个体可以忘却烦恼和痛苦，消除孤独感，提高自己的交往能力。许多实验表明，经常参加体育锻炼的大学生在人际交往方面表现得比较积极。

3.大学生应变能力的提高

运动对发散思维、直觉思维、逆向思维、创造想象的开发和促进有积极意义。体育运动对人直觉思维的开发和训练有积极作用。体育运动对逆向思维的开发也有重要的意义。体育运动以丰富的内涵和特性在培养和发挥人的想象力方面有着重要的作用。从原始人投击野兽所用的木棍，发展到后来的标枪，从简单的跳跃，发展成后来的跨越式跳高，这些无不体现着人类的想象力在推动着体育运动的发展。我们不难看出，大学生在校园里接受体育教育、从事体育锻炼不但能增强体格，而且能培养创造性思维的能力。这些能力的提高在很大程度上促进了大学生应变能力的发展。大学生在体育参与过程中创造的体育物质和精神财富使得他们在认识事物和改造事物的过程中，思维越来越敏捷，对事物的观察和判断越来越准确。

### （四）老年生活质量的提高

#### 1.丰富老年人的生活

参加体育锻炼既是一个增强体质的过程，也是一个丰富业余文化生活的过程。参加体育活动不但可以使他们从体育项目中得到乐趣，享受身体上的愉悦，还能和许多老年人进行沟通，找到思想上的共鸣。体育活动不但能活动筋骨，起到强身健体的作用，还可以使老年朋友聚在一起谈谈心、聊聊天，驱散他们心灵的孤单、寂寞。

#### 2.老年人体质的增强

体育文化的形成能起到激发老年人参与体育锻炼，从而增强老年人体质的功效。老年人通过体育锻炼可以改善骨骼的血液供应，增加骨骼的物质代谢，延缓、减少骨骼的退化性变化。在运动中，老年人肌肉的力量增加，可以防止肌肉萎缩，保持关节的弹性和灵活性。老年人在运动时身体耗氧量增加，对血液循环的要求提高，在一定程度上加大了心脏工作的负荷，从而促使心脏冠状动脉的循环血量增加，保证了心肌氧气及营养物质的供应。老年人坚持体育锻炼还能延缓脑动脉硬化，特别是近年来的科学研究表明，运动可以使老年人体内免疫功能增强。因此，体育文化虽是一种文化现象，但是蕴含着一股强大的作用力，这种作用力能在最大限度上体现出体育的本质、基础、强大的文化功能。

# 第四节 体育文化的传播与交流

## 一、体育文化传播与交流概述

人类体育的发展有共同性和差异性，因而必然存在着体育的交流，这是体育传播的根本原因。从相对的意义上看，交流主动和主观，传播被动和客观。交流是从一方面来说的，传播是从多方面来说的，交流是外在的，传播是内在的。体育文化往往是在交流中传播的，体育文化传播往往促进交流的进一步深入和发展。

体育文化交流是促进体育文化传播的重要前提，体育文化传播往往是内在的和客观的，它的进行往往在很大程度上促进体育文化的进一步交流。体育文化交流的深度又为体育文化传播创造更好的条件。在一般意义上，体育文化交流与传播是统一的，体育文化交流的过程就是体育文化传播的过程。从逻辑上说，没有不经过交流的传播，传播也必将促进交流。体育文化交流与传播难以截然区分，就是说没有交流就没有传播。

## 二、体育文化传播与交流的模式

### （一）体育文化传播的模式

文化传播最基本的模式是传播者与接受者相互依存的模式和一条链式前后运动的模式，包括链式、波式、根式三种传播模式。这三种文化传播描述基本对应的体育文化传播模式分别为线性传播、毗邻传播、集团传播。如果我们把文化传播放到一个更加广阔的空间和时间内加以考察，就会发现单一的传播方式是几乎不可能存在的，实际的传播模式往往表现为多层次的复杂结构。

1.直接传播

最简单和最基本的体育文化传播模式就是直接传播。直接传播主要包括单向传播和波式传播。前者如同体育比赛的接力一样，后者如掷入水中的石头激起的波纹扩散一样。

2.间接传播

间接传播指两种体育文化通过媒介得以交流的传播。如书刊交易、贸易、外文活动、留学等也是重要的传播媒介。

3.刺激传播

刺激传播又称激起传播，是指社会掌握了某项体育能力后刺激了其他体育文化要素的成长。就像韩国的跆拳道一样，当然也刺激着我国武术运动向奥运会迈进，2008年北京奥运会上，中国武术作为表演项目登场。必须强调的是，体育文化不存在机械的一对一的传播，而是复杂的多元传播。

## （二）体育文化交流的模式

随着现代科技文化的快速发展，通信与信息系统的发展，不断改变着人们的体育观念。北京2008年奥运会背景下的体育文化传播与交流，正在为中西方体育理念的和谐发展、为体育国际化和奥林匹克创造着共同的"语言"。

### 1.体育文化传播的政治模式——中美"乒乓外交"

20世纪60年代后期起，中美两国开始为改善缓和关系而进行试探和接触。1971年4月6日，正在日本名古屋参加第31届世界乒乓球锦标赛的中国乒乓球队，向美国乒乓球队发出访华邀请。1971年4月10日，美国乒乓球代表团和一小批美国新闻记者，成为自1949年新中国成立以来，第一批获准进入新中国境内的美国人。

1972年4月11日，中国乒乓球队回访美国，首先抵达底特律。中美两国乒乓球队互访轰动了国际舆论，成为举世瞩目的重大事件。

### 2.体育人才交流模式

体育人才的交流促进了中外体育文化的发展。在中国体育发展史上，日本著名排球教练大松博文这位曾经带领日本女排成为20世纪60年代世界排坛强队的教练，对中国女排训练水平的提高起到了举足轻重的作用。大松博文的执教理念和方法在当时是很先进的，他对中国排球水平的提高帮助很大，两国之间互相学习、相互提高，这为中日女排在世界排坛占据重要地位打下了良好的基础，并且促进了世界排球的发展，中日两国排球界的友好关系促进了两国之间的友好交流。

　　改革开放以来，体育交流空前活跃，我国先后引进了大批国外教练员、运动员；我国著名体育教练员蔡振华、郎平、李月久等人通过出国留学、交流运动技术形成了我国以至世界一流的教练员。此外，随着体育文化交流机会的增多，新一代的体育明星逐渐成长为国际性的领军人物，以李娜、丁俊晖等一批优秀运动员为代表的一批中国选手领军国际大赛，有力地塑造了中国的大国形象。

# 第三章　体育文化软实力的提升与发展

体育作为一种特殊的社会文化，是文化软实力的重要组成部分。新时代，随着我国体育强国建设的不断推进，提升体育文化软实力显得更加重要。本章主要内容为体育文化软实力的提升与发展，详细介绍了体育文化软实力、现代体育文化发展模式的构建和体育文化软实力提升与发展策略。

## 第一节　体育文化软实力

### 一、体育文化软实力的概念

体育文化软实力是国家体育总体实力和国家文化软实力的重要组成部分，具体是指一个国家的文化因素（体育价值观念、体育制度、体育发展模式及民族传统体育文化等）对国内发挥的引导、动员、凝聚的力量及对国际产生的说服、吸引和渗透的力量。

### 二、体育文化软实力的特征

#### （一）内隐性

体育内层文化是无形的，主要通过抽象、判断、感悟、理解等方式与外界沟通与联系。所以，体育文化软实力是隐性的，而且施力过程同样如此。

#### （二）吸引性

优秀文化本身就有极强的吸引力。国家软实力的深层根源和核心实力主要就是文化魅力。文化有特殊的力量，它没有强制性，主要靠精神、情感来潜移默化地影响人，而且渗透力和超越性极强。从根本上说，文化魅力是国家软实力中"软"的主要体现。同时，软实力的"力"，也体现在文化特殊而强大的"魅力"上。同样，优秀的体育文化犹如具有强大磁力的磁铁一样吸引着人类。

### （三）扩散性

体育文化软实力具有易扩散的特征。强烈的竞争意识、良好的团队协作能力是现代人必须具备的生存条件，体育可以有效培养人们的这些精神和能力。现在，体育已成为现代人生活的一部分，对现代人来说，这部分内容不可或缺，毫不夸张地说，现在社会的每个角落都有体育的痕迹，体育文化或多或少影响了世界上的每个人，这体现了体育文化软实力的扩散性。

### （四）非强制性

文化软实力与文化硬实力是相对应的，二者在实施力量方式上存在差异，硬实力具有强制性，以强硬的力量将对方征服。而文化软实力则不然，以柔性的方式获得利益，并对自己的利益加以维护，可见文化软实力是非强制的。

人们仰慕并追求美好的体育价值观、体育道德、体育精神，甚至会为这样美好的文化而倾倒。而采用硬性的力量手段强迫人们接受美好的体育文化完全没必要。非强制的体育文化可以使人们不同层次的需求得到满足。因此，不需要采用任何强制性方式与手段就可以使人们积极参与到体育活动中，体育文化软实力以巨大的魅力赢得了人类的认可。

### （五）易接受性

体育文化是一种人体文化，人类学习和掌握体育技能知识相当方便，这就为体育的传播提供了便利。没有任何一种文化现象可以像体育这样非常容易地沟通人们的思想情感，提高民族认同感。在体育文化软实力的施力过程中，之所以容易被客体接受，正是因为体育文化具有易接受性。体育文化软实力的渗透力和融合力很强，在这一基础上，各国体育文化相互交流、相互融合，促进世界体育文化的繁荣发展。

# 第二节 现代体育文化发展模式的构建

## 一、现代体育文化发展模式构建的基本要求

文化模式是特定民族、社会或地区的诸文化特征长期相互联系、适应而形成的协调一致的组合状态和构成方式。

体育文化是文化的重要组成部分，也有一定的模式。体育文化模式是指各个国家、民族、地域的体育文化特征相互作用而形成的比较稳定的组合状态和构成方式。体育文化模式是历史的产物，是人类在长期的发展过程中形成的。对体育文化发展模式进行研究，不仅对了解人类体育文化的历史个性和特殊价值取向有利，对促进体育文化的未来发展也有非常重要的意义。体育文化发展模式的构建需要注意以下几个要点：

### （一）正确处理社会需要与主体需要的关系

体育文化社会需要与主体需要之间有相同的地方，同时也存在一些明显的区别，具体表现在出发点、形成机制、表现形式、类别属性等方面。

在长远的发展历史中，体育作为一种文化现象，发展的根本意义被定位于适应和满足社会需要，而关于自身的主体需要很少涉及，这就导致在一定程度上体育文化成为国家的一种"工具"。因此，正确处理好体育文化主体需要与社会需要之间的关系，从体育文化的理念、物质、制度与行为等层次出发，使其成为一个有机的文化系统，并且要促进体育文化社会需要与主体需要的有机结合，这样才能顺利完成现代体育文化发展模式的构建，从而在信息时代达到促进体育文化进一步发展的目的。

### （二）正确处理主观能动性与外部性干预的关系

体育文化发展过程中所面临的因素是多种多样的，在这一过程中，需要对体育文化发展的主观能动性与外部性干预之间的关系进行妥善处理。具体来说，就是要明确一些问题，如谁来建设体育文化，如何建设才能达到低成本高效率的效果等。

体育文化的建设与发展，不仅与自身主观能动性的参与有密切的联系，同时也受大量外部因素的推动。这两方面的因素都对体育文化的进一步发展起到了积极的促进作用。在过去的计划经济时代，国家对体育的控制在一定程度上对体育文化的发展造成了限制，这种外部干预使当时体育文化的发展呈现出明显的国家性特征，而社会性特征却不明显。改革开放后，随着经济改革的深入，我国社会各个层面的改革都取得了骄人的成绩，在这样的背景下，体育文化也取得良好的发展成就。在新时代，各种文化间的碰撞越来越频繁，面对全球化背景，面对多元文化并存的局面，我国体育文化只有不断发展与创新，才能在保持自身特色的基础上屹立于世界文化之林。要大力发展体育文化，还需要具备开放的心态和勇于接纳的胸怀。使本国的体育文化在与其他国家体育文化的相互碰撞中相互吸收与融合，真正形成有自身特色和良好竞争实力的体育文化。同时，在融合中也要注意创新和与时俱进。

需要强调的是，体育文化的快速发展仅依靠外部因素的干预是不可行的，必须经历体育文化主体自身不断地整合、选择与建构过程。政府在履行自身职责的过程中，要注意维持市场对体育文化的导向作用，要对文化主体表现出充分的信任，相信文化主体有能力推动自身的发展。因此，只有将主观能动性和外部性干预之间的关系处理好，才能推动体育文化更快、更好地发展。

## 二、体育文化发展模式的构建

### 1.以健身为特质的康乐文化模式

以健身为特质的康乐文化模式对应的社会阶层主要是部分社会底层。这些阶层的群体生活水平较低，没有富余的财力。体力劳动者、没有经济来源的下岗工人和一些收入较低的退休职工是这一阶层群体的主要代表。他们主要从健康的角度来理解体育活动的价值与功能。

（1）体育消费倾向少花费、易获得。由于经济来源少、收入低，严重地制约了社会底层成员参与健身运动。体育运动服装是他们体育消费的主要领域，需要交费的体育场所一般是不会主动进入的，而且在体育活动器材方面的投入也十分有限。在获得体育消费信息方面，这部分群体也表现得较为消极。

（2）体育活动方式简约化。时间密集型和体能密集型的体育项目是低收入群体的主要选择。他们参与体育活动主要是为了锻炼身体，保持好的身体素质。他们因为技能水平有限，所以会选择一些比较简单的项目。他们进行体育锻炼的场所主要是自然场所，很少去人工修建的专业场馆。

2.以娱乐为特质的情趣体验文化模式

娱乐是体育活动场所的基本功能之一，丰富多彩的体育娱乐活动吸引人们参与其中，达到缓解身心疲劳，宣泄精神压力的目的。

（1）体育消费更加理性。在体育消费时，消费者通常会把握一个"度"，超出自身实际范围的消费他们不选择。这一群体一般拥有一定社会资源，但受经济收入的影响比较大，在体育消费中表现出一定的敏感性。他们往往会根据不同情况表现出一定的偶然性和淡然性，是受"体验经济"影响最大的群体。

（2）体育行为方式大众化。以健身和娱乐为主要目的来选择体育活动，在项目选择上表现出大众体育文化倾向。所选的体育活动有一定的共性，即较为简单，容易学习与掌握，消费不高。消费群体一般对活动场所没有太高要求，只要环境和设施能够满足基本健身和娱乐需要就可以了。

3.以文化作为特质的自我实现文化模式

现代体育逐渐成为人们生活方式的文化基础，体现人们的价值取向，关注体育文化特质可以在一定程度上实现人自身的人格发展目标。因此，这很自然地成为一部分消费群体参与体育活动的文化模式。这个消费群体主要包括企事业管理人员、事业单位人员、公务员、私营企业主等社会精英。对他们来说，他们参与体育活动除了满足锻炼身体、增进健康的需求外，对体育中自我发展空间和生活的文化意义也给予了高度关注。从参与体育活动的动机来看，体育的文化功能备受这些群体关注。

（1）体育消费倾向专业性。这一消费群体参与体育活动时，对时间与消费的比例问题比较关注。就是说，短时间内能产生更多消费的体育项目是他们更乐意选择的。这一消费群体与其他群体相比，更加关注体育项目的文化性，主要体现在体育消费中追求体育运动的专业化。

（2）体育方式有群体特征。这一群体受教育程度较高，他们选择体育活动方式、场所、时间及伙伴有一定的模式化特征。如选择游泳、舞蹈、网球、瑜伽等体育项目的概率高。从每周参与体育活动的次数来看，比其他群体多，时间长的体育活动很受他们欢迎。他们选择伙伴时主要是从兴趣和业务两方面需求出发。

# 第三节　体育文化软实力提升与发展的策略

## 一、重构体育价值体系

### （一）体育价值体系建设

1.体育价值体系的结构

体育价值体系主要由核心价值和外围价值两部分组成。前者的主要特点是比较稳定，后者相对于前者比较松散。体育价值体系是否具有稳定性，主要由核心价值这一组成部分决定，吸引力、说服力越强的核心价值越能使整个价值体系更加稳定，因为它能对社会生活中的各种困惑和矛盾做出合理解释和科学说明，以精神的力量对外界困难进行处理，缓和外界矛盾。因此，在体育价值体系构建中，构建核心价值体系特别重要。

体育价值体系结构如图3-3-1所示。

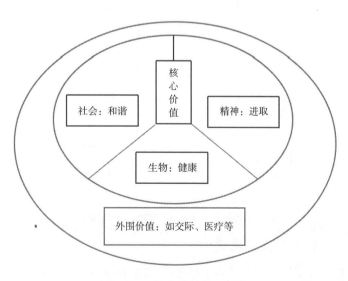

图 3-3-1　体育价值体系结构

体育核心价值主要体现在以下层面：

（1）生物层面的"健康"。体育的本质功能是促进人体健康，所以在体育生物层面的价值中，选取"健康"作为代表。

（2）精神层面的"进取"。关于体育价值体系中精神层面的价值，有关学者从不同文化类型中寻找共同点。现代体育是从西方体育文化传统中发展而来的，所以现代体育价值体系中，精神层面的价值主要表现为"竞争"。而东方体育文化吸收了儒家文化的精髓，虽然"仁""和"等儒家文化发挥了重要的导向作用，但"天行健，君子以自强不息"式的进取精神也对东方体育文化产生了深刻的影响。因此，东方传统文化有内在"进取和竞争"的传统精神。

（3）社会层面的"和谐"。社会中的每个人都会不可避免地与人交往，交往中伴随着合作与竞争，不论人与人之间以何种形式交往，都有一定的秩序规范可循。体育运动育人功能的实现与其严格的规则密切相关。尊重规则和对手、维护社会秩序、促进社会和谐等是体育的社会功能体现。因此，将"和谐"选作体育社会层面的核心价值（图 3-3-2）。

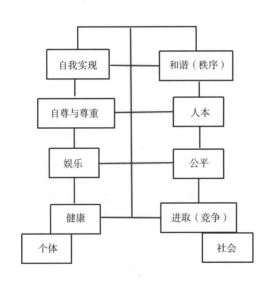

**图 3-3-2　体育社会层面的核心价值**

## 2.体育核心价值体系的构建

一般来说，分析社会价值体系，需要从以下几个方面着手：

（1）分析社会价值追求。

（2）分析社会价值理想。

（3）分析社会价值取向。

（4）分析社会价值规范。

按照上述内容，从哲学视角出发，可以将社会主义核心价值体系分为四个部分（表4-3-1），表中反映了每个部分在该体系中的不同地位和作用。

表 3-3-1　社会主义核心价值体系

| 内容 | 地位（作用） |
|---|---|
| 社会主义荣辱观 | 基础 |
| 中国特色社会主义共同理想 | 主题 |
| 以爱国主义为核心的民族精神和以改革创新为核心的时代精神 | 精髓 |
| 马克思主义指导思想 | 灵魂 |

如表 3-3-1 所示，可以将体育核心价值体系的结构内容确定为四个部分（图 3-3-3），而且每个部分的地位与作用不同（表 3-3-2）。

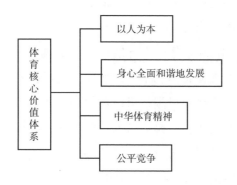

图 3-3-3　体育核心价值体系

表 3-3-2　体育核心价值体系

| 内容 | 地位（作用） |
|---|---|
| 公平竞争 | 基础 |
| 身心全面和谐地发展 | 主题 |
| 中华体育精神 | 精髓 |
| 以人为本 | 灵魂 |

下面具体分析体育核心价值体系的结构内容：

（1）公平竞争。争夺稀缺资源，必须采取竞争手段，竞争在现代社会生活中随处可见。和其他领域的竞争相比，体育领域的竞争相对来说是比较公平的，这主要取决于体育的公开性。对任何身体外的不平等，体育竞赛都无条件拒绝，在同等条件下公平竞争是体育竞赛的主旨。虽然不公平现象在体育发展实践中或多或少存在，但体育运动始终将公平作为基本准则和追求目标，正因如此，人们才将体育看作是公平的象征。在体育领域，要做什么、如何做都是明确的，而且运动员的行为准则和价值规范都非常严格，这都是体育运动公平性所致。

（2）身心全面和谐地发展。体育发展的根本目标是促进身心全面和谐地发展，这也是体育核心价值体系的主题。人是体育的主体，同时也是体育的客体，这里的客体主要是指人参与运动的身体。体育运动能使人强身健体，培养人开放、竞争的良好性格，促进社会交往，实现全面发展目标。

（3）中华体育精神。体育精神是人们在体育活动中形成的，以健康快乐、团结协作、公平竞争、挑战征服等作为主要价值标准的意识、思维活动和一般心理状态。中华体育精神是中国体育基本价值取向的重要体现，是经过文化自觉后的中国体育核心价值体系的精髓。

（4）以人为本。作为体育核心价值体系的灵魂，"以人为本"是体育发展的重要指导思想。人类在体育活动中一次次向自身极限发起挑战，从而使新的纪录不断被创造，而且人类挑战极限是可以获得功利和其他回报的，但这并非体育的根本，它们都是特殊的工具，是为"人"服务的，如果不是为了服务于"人"，体育是不可能存在的。因此，要围绕"人"这一中心需要来开展每项体育工作，使人的价值和追求能通过体育路径得以实现。

## （二）体育价值体系的落实途径

### 1.体制改革

客观存在的现象，尤其是现实的体育制度对人的体育观念产生了极为重要的影响。中国 20 世纪五六十年代形成的体育制度经过不断发展延续至今，计划经济色彩浓厚，导致我国在"举国体制"下进行体育资源配置。这种体育体制产生的社会影响非常大，在形成之初发挥的作用也不容忽视。

合理改革现有的体育体制，以均衡而健康的价值取向来发展体育，有利于对落后体育价值观念的纠正。竞技体育和群众体育协调发展、相互促进，城乡体育是体育协调发展的重要体现。只有按照客观规律促进体育资源的合理流动，并以此为基础适当倾斜弱势群体，才能使体育的公平性真正发挥作用，才能更好地对体育的身心健康价值进行宣传。

在基层群众中开展民族民间体育活动对提高中国传统体育文化的自觉性非常有利，同时对弘扬优秀的中华体育精神也有积极作用，而这些都是促使体育"以人为本"价值取向不断实现的重要途径。这个过程也是体育价值体系发挥作用的过程。

2.体育实践

落实体育价值体系，实践是根本途径。只有采取实践行动，才能对理论进行检验，从而进一步修正理论，这是检验和修正理论的唯一路径，具体从以下两方面落实：

（1）"内生性"途径。人们从自身需要出发，选择体育价值体系并不断内化（或外化）的过程就是"内生性"途径。

体育价值体系能使人对体育价值的追求得到满足，实现人的精神追求和自我价值，这从体育核心价值体系中更能得到明显的体现。

（2）"外源性"途径。人们以外部环境的影响为依据对自己的价值追求和实践行为进行调节的过程就是"外源性"途径。

社会生产力、生产关系、上层建筑、教育程度等外在条件会对人的认知和行为造成不同程度的影响，可见人的认知行为既有能动性，又有受动性。社会活动的行动主体在这种情况下必然会与外界产生各种联系，利益共同体在此基础上逐步形成。在体育价值体系实践中，要与人们的体育实践活动密切联系起来，贴近人们的生活实际和心理需求，通过影响群体来对个人产生积极影响。

3.宣传教育

宣传教育途径就是通过多种媒介（报纸、电视、网络等）对积极正确的体育价值观进行宣传，同时分析并批判错误的体育价值观。

大众传媒在现代社会中发挥着重要的作用，尤其是深刻影响了处于价值观形成期的青少年群体。部分新闻媒体为了追求眼球效应和经济效益，会选择一些庸俗不堪的内容做重点传播，刺激观众的感官，使受众尤其是青少年产生不健康的体育价值观念。对此，学校、家庭和社会要相互协作，共同努力，引导青少年树立正确价值观，鼓励青少年以科学方式参与体育运动，避免对成功、名利、地位的过分追求。

在体育价值体系的落实方面，建设科学的体育价值体系是首要任务，这项任务不是某个专家或者某一领域的学者就可以独立完成的，需要在长期的体育价值实践中不断完善。所以，对体育价值体系进行构建的工作是"常做常新"的，需要体育理论研究者、体育实践工作者等有关人员的一致努力，我国坚持改革创新的时代精神在这个过程中也能够得到充分反映。

我国构建的体育价值体系是否与人民对真善美的追求相符，是否能在实践中实现，直接决定了其能否被广大人民群众接受与认可，受世人认可的体育价值体系所产生的影响力不可估量，能在提升体育文化软实力方面发挥巨大作用。

## 二、提升体育国际话语权

### （一）体育话语权的概念及功能

#### 1.体育话语权的概念

一个国家为了对自己的体育权利进行维护，拥有的表达体育观点和意愿的权力、机会和途径就是体育话语权。在体育文化软实力中，体育话语权是非常重要的组成部分，争取机会将自己的意愿表达出来，并争取他人接受和认同自己的意愿，使人信服，可提高体育文化软实力。

在体育全球化背景下，世界上的体育组织越来越多，类型各异，如竞技体育组织、群众体育国际组织、体育学科学术组织等。一般来说，国际性体育组织机构的权威很大，在世界体育发展中，这些组织机构发挥重要的决策作用，世界体育的发展方向主要由这些机构左右，不同体育项目的技术规范、标准及竞赛规则也是由这些国际性体育组织机构决定的。所以各国都希望成为国际体育组织的成员国，在国际组织中占有一席之地，以便在国际体育大事上拥有一定的话语权，为本国体育事业的发展谋利益。

#### 2.体育话语权的功能

（1）传播功能。各国体育文化都是在本国特有文化的基础上产生、发展起来的。在全球化背景下，我国要在世界体育领域占有一席之地，发挥作用，就必须拥有话语权，即利用一切机会和采取有效手段进行体育文化的对外传播，让全世界对我国体育文化的了解不断加深，尤其是对我国体育文化的特点和优势应有基本的认识，从而主动接受有东方特色的中国体育文化。

要想拥有话语权，自由发表本国观点并得到认可，就必须采用各种体育文化传播手段。掌握话语权后，要积极对我国的体育价值观、精神和理念进行宣传，将本国优秀的传统体育文化和体育发展成果展示给世人，从而得到大范围的认同接受。

（2）争取体育权利。体育具有竞争性，竞技体育领域的竞争尤为激烈。因此，我们总能在体育中看到各种利益冲突，而在冲突中维护自己的权利非常重要，拥有话语权是维权的基础条件，只有这样，才能以游戏规则为依据将自己的辩解和正当要求提出来，才能发起抗议或申诉。各国对自己在国际上的体育权利加以维护，首先要明确自己应该享有哪些权利，可以通过哪些途径实现话语权，以及要达到维权目的应该如何发出话语。国际体育竞赛场合中的语言文字是不同的，因此还要用外语把自己的意愿准确表达出来。

我国要在国际上争取体育权利，就要在国际体育交流活动、竞赛活动的各个环节积极参与，进入领导机构，并主动参加其他相关机构（新闻发布机构、宣传机构、仲裁机构等）工作，这不仅可以对竞赛的各个环节有所了解，行使基本权利，而且当我们的权利被侵犯时，还可以通过话语权来申诉和抗争，维护自己的利益。

（3）为国家争取话语权。国家体育话语权是国家话语权的重要组成部分，在国家话语权中，体育发挥着重要的载体作用，国家话语的表达可采取体育这一重要途径来实现。有话语权和有实力的国家在发展本国体育事业时会比较顺利，具体表现在：首先，可以在竞技体育赛场上取得优异的成绩，通过运动员、教练员等运动主体传播本国的道德风尚及体育精神。其次，可以在各种国际体育交流活动与大型比赛中将本国的美好形象展示给世人。最后，可以在世界体育学术会议上发表独特的观点，展现创新研究成果，使各国对本国的体育科技水平有所了解。

许多国家都采用体育手段将自身的意愿和态度巧妙地表达出来。可见，在国家争取话语权方面，体育确实发挥了重要作用。

（4）行使国际体育决策权。国际体育组织都有属于自己的管理机构，在国际体育组织体系中，管理机构的主要职责是对体育运动的竞赛、交流活动进行组织和管理，对各种制度和规则进行制定，通过发挥引领作用推动体育运动的发展。事实上，在国际体育运动发展中，这些管理机构就是决策机构，各国的话语权一定程度上取决于自身在这些机构中的地位。所以，进入这些领导机构并争取一定的权利位置是各个国家的追求。

进入国际体育组织的领导层，争得较高的地位，就会有更多的机会参与决策，这对一个国家的发展来说是非常重要的，但这只是促进话语权目标顺利实现的基础与前提，代表国家参与决策的人员才是真正实现话语权目标的重要力量，这些人物的思想文化水平、交际协调能力等直接决定了话语权目标实现的效果。

## （二）提升体育国际话语权的对策与建议

### 1.提高话语权意识

提升我国的国家体育软实力是一个漫长的过程，需要具备一定的硬实力，如果没有硬实力，那么我们就没有条件争夺话语权。现在，我国的体育硬实力明显提高，中国竞技体育跻身世界先进行列，我们有条件也有底气在国际体坛上发表自己的观点与意愿，所以必须将我国在国际上的体育话语权重视起来，采取实际行动对自己的体育国际话语权加以维护，从而提升话语权。

我国争取话语权的努力程度主要取决于我国的话语权意识。因此，必须先树立并提高话语权意识，然后努力争夺话语权。我国争夺体育国际话语权的能力主要由体育工作者、体育参与者等体育人口决定。因此，除了体育政府官员要树立话语权意识，教练员、运动员及其他体育工作人员也要具备高度的话语权意识，只有形成共同意识与目标，才会共同为提升我国的体育国际话语权而付出努力。

### 2.加强学习与研究

作为国际体育后来者的我国，没有足够的经验和科学的认识来把握体育国际话语权，这就导致我国在很长一段时间里都在国际组织外游离。我国对国际社会游戏规则并不是很了解，所以始终难以将话语权优势掌握在自己手中，这就制约了我国体育走向世界。因此，我们需要制定针对性策略来掌握话语权。

在掌握话语权方面，我们有必要深入了解国际体育的游戏规则，虚心学习西方国家的经验与方法，但也不能一味地采用这些方法，不能完全走别国争取话语权的路子，因为在这个过程中我们会遇到自己的问题。可以说，掌控话语权涉及的学问非常高深，需要我们充分发挥自己的聪明才智。

当前，我国必须深入研究体育国际话语权，对体育国际话语权的内在规律有一个正确的把握，对内容、途径、技巧等进行深入探讨。为了保障这方面研究工作的顺利开展和有效落实，我国需从组织建立、制度规划等方面做出努力。

3.争取体育国际话语权平台

各种类型的国际体育组织对世界体育最有发言权，所以进入体育国际组织特别是体育国际组织中的重要机构是每个国家的共同追求，只有如此，本国的体育国际话语权才能得到提升。

在国际体育组织中担任要职的人员专业水平和综合素质都很高，还有良好的外语表达能力、交际能力，他们凭借自身在国际上的地位与声誉为本国体育发展谋福利。相关部门应该从长计议，重视这方面人才的培养与输送。对此，我们应制订长远的人才培养计划，全方位培养与输送专业人才，抓住机遇在体育国际组织中占据一席之地。此外，对各个项目优秀裁判员的培养也非常重要，如果这些人才可以在国际体育赛事中担任裁判，将有利于我国国际体育话语平台的构建。

4.建设体育国际话语权队伍

要提高体育国际话语权，首先需要建立一支实力雄厚的优秀话语权队伍。这支队伍由不同类型的体育人才组成，队伍的规模、结构及整体水平都要接近世界先进国家。

（1）裁判员培养。目前，我国要特别重视对高水平国际裁判队伍的建设与培养，努力争取机会使其在相应项目的国际比赛中担任裁判员，提升影响力。

（2）体育传媒人才培养。培养对体育、传媒都有深刻认识与见解的体育传媒队伍非常重要。当前我国社会急需体育传播人才，可通过在各大高校、体育院校设立体育新闻专业来培养这方面的人才。

需要进一步培训体育传媒业内人员，加强对后备人才的选拔与培养，促进体育传媒队伍的不断壮大。此外，积极开展体育话语权的教育工作，提高体育工作者的话语权意识，对提高与维护我国体育国际话语权同样有重要作用。

5.加强体育媒体建设

发挥媒体的传播功能，发挥传播媒体的作用可让受众感知、理解和接纳话语，有助于我国掌握体育话语权。体育媒体由体育与媒体两部分结合而成。我国体育媒体近年来发展迅猛，但与发达国家相比，传播能力与水平明显不足，这严重制约了我国体育国际话语权的提升。如果不及时弥补这块短板，后果将很严重。

现在，体育与新闻媒体间形成了密切的联系，体育事件与媒体事件已成社会上的一个共同体现象，不可分开。随着信息技术的进步与发展，新的传播媒体不断出现，新闻媒体的传播时空也因此不断拓展。而且新闻媒体在新技术的推动和网络的影响下日渐多元化，媒体之间已经失去了明确的界限。各媒体之间的联系越来越密切，它们在交流中碰撞、融合，从而促进了新传播媒体和平台的产生，促进了跨媒体联动、资源共享，传媒生存形态的融合趋势越来越明显。

为了更好地发挥新闻媒体在传播体育信息方面的功能与作用，体育部门应大力加强与媒体的互动与合作，推动传统媒体、新媒体的全面整合，形成更大更强的媒体系统，充分发挥这一系统的传播功能，从而有力提升我国的体育话语权。

## 三、大力发展体育文化产业

体育文化产业体系主要由两部分构成，内生态系统与外生态系统。这两大系统中各要素之间相互影响、相互促进、相互补充，在这样的内外关系下，体育文化产业的发展得到了一定的保障。

大力发展体育文化产业，可以不断提升我国的体育文化软实力，具体发展中可参考以下建议：

### （一）解决资金问题

资金不足是制约我国体育文化产业发展的首要因素。因此，当前发展我国体育文化产业的首要任务就是解决资金问题。具体解决方法有以下几种：

（1）积极对体育文化产业发展的引导基金和风险投资基金进行设立。

（2）对财政支出结构进行调整，可安排一定数量的引导基金来加快发展体育文化产业。

（3）对体育产业税收政策进行调整，制定优惠税收政策，拓展新的经济增长点。

（4）注重体育产业的研发，在这方面加大投入力度。

（5）鼓励社会相关单位、个体兴办体育文化基金，扩大体育文化产业融资渠道。

### （二）培养专业人才

体育文化产业的发展需要有大批优秀的人才参与，缺乏专业的人才是当前制约我国体育文化产业发展的主要因素，再加上我国体育文化产业的发展目前还处于前期阶段，对人才的需求很大，这就进一步加剧了矛盾，制约了体育文化产业的发展。

体育产业经营管理人才在我国尤为缺乏。因此，必须加强对体育产业经营管理人才、体育产业复合型人才、科技创新型人才的培养，积极与国际体育文化产业接轨，促进跨越式发展目标的顺利实现。

在人才培养方面，尽可能发挥高校、社会组织、企业等社会力量的作用，构建联动机制，加强这些培养单位的整合，合力对新兴产业人才进行培养。此外，还要积极引进外来体育人才，尤其是体育经纪人、职业经理人等我国比较紧缺但又迫切需要的特殊人才。

### （三）建设体育文化服务体系

一般可从以下几个方面实施体育文化服务体系的建设：

（1）发展体育文化产业需要坚持正确的发展方向，主要表现为坚持以民为本、坚持将社会效益放在首位、体现当代先进性文化、坚持文化自觉与创新。

（2）积极建设公共体育文化基础设施，不断促进体育公共文化服务投入结构的完善，在体育公共文化服务方面增加资金投入，提供基础保障。

（3）设立体育文化服务体系的投入机制、引导机制，在市场经济条件下充分发挥市场的调节作用，使一定比例的社会资金流向体育公共文化服务领域。

（4）将各种通信设备充分利用起来，大力宣传体育文化消费，从而对市民的体育文化消费意识与行为进行引导，使大众在体育文化消费领域表现得积极主动。

# 第四章 面向体育强国的校园体育文化建设

校园体育文化是体育文化的重要方面之一，在体育文化中有着非常特殊的地位和意义。从某种意义来说，校园体育文化体系建设以及发展状况会在一定程度上影响着体育文化的整体发展，同样，体育文化的发展也会对校园体育文化体系的发展产生影响。本章主要论述面向体育强国的校园体育文化建设，面向包括校园体育文化的理论体系、校园体育文化的发展现状与趋势、校园体育文化的现代化发展与创新以及校园体育文化体系的科学建设。

## 第一节 校园体育文化的内涵

### 一、校园体育文化的概念

校园内所呈现的一种特定的体育文化氛围，就是校园体育文化。校园体育物质文化、校园体育精神文化和校园体育制度文化是校园体育文化的三个重要构成因素。具体来说，校园体育文化是学校的教师、学生以及其他人员在体育教学、健身运动、运动竞赛、体育设施建设等活动中形成和拥有的所有物质和精神财富，以及外延的体育观念和体育意识。校园体育文化是在遵循学生主体地位的基础上，将课外体育文化活动作为主要的内容，充分体现校园精神这一显著特征的一种群体文化。广义上说的体育文化群，就是由校园体育文化、竞技运动文化和大众体育文化这三个方面共同组成的。

由此可以得知，校园体育文化是在校园这一特定的环境中产生和发展的，其结构本质是一种耗散结构，系统是一个动态系统，根本是一个不断创造的过程。

## 二、校园体育文化的结构

通过对校园体育文化的分析和研究发现，很多学者都从自身的角度出发来对校园体育文化加以研究，并且对结构和内容进行了相应的划分。其中，较为普遍的观点认为：将校园体育文化分为三个层次，即物质文化层、制度文化层和精神文化层。每一个层次的校园体育文化都有着各自的内容和范畴。

（1）体育物质文化。主要是指体育文化的物质要素，也是文化物质的实体层面，有时也被称为物质文化，凝结体育文化特质的各种物质产品都属于体育物质文化的范畴。

（2）体育精神文化。实际上是指体育文化的心理要素，是文化的精神、观念层面的重要内容之一。

（3）体育制度文化。实际上是指体育文化的行为要素，换句话说，就是体育文化的行为方式，属于制度规范的层面。

## 三、校园体育文化的内容

通过对校园体育文化的结构分析可以得知，主要有物质、精神和制度三个层次。由此，也可以将内容确定下来，即物质文化、制度文化和精神文化，具体如下：

### （一）校园体育物质文化

物质文化，实际上是实体文化的一种。体育物质文化是以体育目的和需要为主的，而对自然客体产生相应作用的文化。校园体育物质文化主要包含着体育运动形式、体育设施等方面，这些因素组合在一起，特有的校园体育文化景观便形成了。在校园中，体育物质文化包含着非常丰富的内容。其中，体育建筑、运动设施、运动器材等是最为主要的几个方面，除此之外，体育雕塑、体育标语、体育图书音像资料等一些文化现象也属于校园体育物质文化的范畴。

在整个校园体育文化系统中，物质文化处于基础性地位，同时，也有着客观保障的重要作用，缺少物质基础，校园体育文化活动就不能正常运行。

校园体育物质文化有着自身的显著作用，可以将其分为以下两个方面：

（1）客观实用作用。体育物质事物本身在校园文化活动开展过程中就有一定的实际作用，例如，体育建筑、设施、场地和器材等物质文化能使教师和学生体育教学活动的开展和参加课余体育活动的场所和载体得到有效保证，可以说，这是改善和提高学生物质文化生活的基础设施。

（2）丰富精神和情感体验作用。校园体育物质文化的客观的外在实物会对学生的内心产生潜移默化的影响。

### （二）校园体育精神文化

校园体育精神文化，也被称为"体育价值观"，具体来说，是指校园内全体体育教师、学生及相关人员在体育精神层面上普遍自觉的观念和方式。例如，体育观念、体育风尚、体育精神、体育道德等都属于校园体育精神文化的范畴。

对于任何一种事物来说，精神大抵与其重要的灵魂与核心在一起，没有精神的事物的存在是没有意义的。这对校园体育文化来说也是如此，它的内部也有最核心的精神文化驱动，精神水平和"视角"的高低在很大程度上对主体文化的水平产生决定性影响。可以说，校园体育文化中的校园精神文化是处于主导地位的。

不管是哪一类型的精神文化，都能够在精神层面对个体和集体的实际行为产生较大的影响，这种影响是正面且积极的。从某种意义上来说，校园体育精神文化的教育作用和行为导向是非常正面的，能引导学生主动、积极地参与到体育学习和体育活动中。

### （三）校园体育制度文化

制度文化是一种具有特殊意义的文化形态，这种特殊主要从两个方面得到体现：一方面，不能被归纳到物质文化中；另一方面，也不能归纳到精神文化中，它是一种介于物质文化和精神文化之间的一种文化形式。

校园体育制度文化不是单一存在的事物，它是由多重元素构成的一个统一的体系，这些组成元素包括很多方面内容，例如，组织、政策、体制、规则等。

制度文化是校园体育文化建设的保障。制度是校园体育的组织规则，校园体育活动的组织和开展需要制度的支持。

校园体育制度文化也有着显著的作用，主要表现在以下两个方面：

（1）规范作用。校园体育制度文化能充分体现出体育意识，有效规范校园体育文化活动。

（2）纽带作用。在校园体育的相关内容中，几乎处处都能看到各种制度的"身影"。制度文化是学校体育的综合形态，同时也是精神形态和物质形态的中间层面。因此，制度文化能将两者有机联结起来，起到重要的纽带作用。

## 四、校园体育文化的功能

校园体育文化本身有一定的功能性，具体可以从以下几个方面得到体现：

### （一）导向功能

校园体育文化能够引导学生的业余体育文化生活，使其能够朝着正确的方向发展。校园体育文化符合国家、校园、个人等层面对体育发展的具体要求，同时，校园体育文化也能够引导体育目标的正确实施。

一般来说，校园体育文化的导向作用实现的途径主要有两个方面：一方面，是国家和学校的体育发展战略、路线、方针、政策，以及由此而产生的社会价值导向对学校人的指导作用；另一方面，是通过校园体育文化本身蕴含的世界观、价值观、道德观等来对学校人产生潜移默化的文化影响和导向。因此，在校园中举行的各种体育文化活动都会在不知不觉中对学生产生影响，这能在一定程度上对学生的价值取向起到积极的引导作用，从而使学生能形成正确的体育认识。从这一层面来说，校园体育文化建设就是要在育人过程中建立起具有正确导向的机制。

### （二）育人功能

学校中的体育将起到培养全面发展人才的重要作用，就是所谓的育人功能充分发挥了出来。在学校体育教学中，学校体育文化作为一种相对独立的文化体系，它通过一种无形的力量教育着处于这个大环境中的每个人，将他们逐渐同化为群体中的一分子。

学校体育的育人功能主要从两个方面得到体现：一方面，学校体育以"必修课—体育课"的形式将体育知识、技术、技能传授给学生；另一方面，学校体育中开展的课余体育活动，能使学生的知识结构、开发潜能都得到有效的改善。同时，还能有效发展其个性，满足其社交需要，丰富其精神和物质生活进而对身心健康发展和继续社会化等产生积极的促进作用。

### （三）凝聚功能

校园体育精神文化，往往是校园体育文化凝聚功能的主要表现形式。校园体育文化建设将形成一种内求团结，以活跃校园氛围；外求发展，以提高校园声望的精神风貌作为重要目标。校园人和体育之间，通过校园体育文化紧密联系在一起，使其对学校体育的目标、制度和准则产生认同感，并将之与作为学校一员的使命感、归属感和自豪感形成的向心力、内聚力和群体意识结合起来，通过整个个体目标，使其成为学校体育的总目标。

作为一项群体文化，校园体育文化本身是由群体共同建立起来的，同时也会反作用于群体中每个个体，使个体将这种集体的行为风尚内化为自我要求的一种文化形式。对于很多体育项目来说，参与者的密切配合和共同协作是必需的、长期的风雨同舟，能使参与者相互理解和互相帮助。这也是以大局为重的价值观念得以形成的重要原因所在，从而在比赛中，他们能为了同一个目标拼搏。因此，通过校园体育能对校园人热爱集体、关心集体、服从集体、维护集体起到积极的教育作用，对学生的群体意识、集体主义观念和精神进行积极有效的培养。同时，在长期的集体生活中，学生会互相理解、帮助和协作，会逐渐增强集体荣誉感和团体内聚力。因此，校园体育文化的凝聚功能是非常重要的。

### （四）健身功能

当前，健康意识已经深入人心，人们对健康的关注程度不断提升，因此，健身也成为人们日常生活中的重要方面。校园体育文化有着显著的健身功能，究其原因，主要是由于校园体育文化往往是多种形式体现出来的，而体育活动是校园体育文化的主要形式，它能对校园人的身心健康起到积极的促进作用。具体可以从以下三个方面得到体现：

第一，校园体育文化中各种各样体育活动的举行，能对校园人中枢神经系统的功能起到良好的改善作用，能使人头脑清醒，思维敏捷。

第二，校园体育文化中各种各样体育活动的举行，能对学生内脏器官生长发育、健美体形的塑造起到积极的促进作用，进而达到有效提高人的劳动效能和运动能力的目的。

第三，校园体育文化中各种各样体育活动的举行，能使校园人朝气蓬勃、充满活力、生活愉快、精神健康。同时，还能使其意志消沉和情绪沮丧等不良情绪和心理状态得到有效改善，最终使其达到性格豁达，进而适应自然环境和社会环境的能力和对疾病的抵抗能力得到有效提升。

### （五）娱乐功能

对校园中的学生、教师和相关工作人员来说，长期处于枯燥的学习和工作中，焦虑和疲劳是时常出现的，这会对学习和工作效率造成不利的影响，最终对学习和工作的效果及成绩产生影响。这时就需要通过某种手段和方法来缓解情绪、消除疲劳，而校园体育文化活动就是非常理想的选择。

一般来说，充足的校园体育文化内容，往往都有较为浓厚的娱乐色彩，而这一点与校园人的生理、心理特点和文化需求是相适应的。在开展校园体育文化活动的过程中，学生能暂时忘掉工作和学习的烦恼，缓解和释放焦虑和紧张等心理压力，进而获得精神愉悦与自由，保持乐观情绪。同时，在校园中开展体育文化活动还能通过这些体育文化活动陶冶校园人的情操，净化校园人的心灵，使其达到享受生活乐趣的目的，从而获得身心和谐、健康的生活。

### （六）沟通功能

在学校体育教学中，受传统教学方式的影响，学生和教师、教师和教师、学校之间、地区之间的不同及沟通障碍都会存在。随着现代社会的发展，计算机和网络技术逐步进入学校教学中，这就为教学活动带来了便利，也正因如此，这种存在与师生之间、年级之间、学校之间、地区之间的差异越来越显示出自己的弊端，在这种情况下，校园体育文化活动就将其"润滑剂"的作用充分发挥出来。校园体育文化通过丰富的体育活动，使校园内各层面群体间交往得到进一步的拓展，相互之间的交流和沟通也会有所增加，相互接触的机会增强，许多封闭的障碍也被打开，从而增加交往的频率，改善不和谐的人际关系，获得凝聚力和向心力等。

# 第二节 校园体育文化的发展现状与趋势

## 一、校园体育文化的发展现状

### （一）校园体育物质文化发展现状

校园体育物质文化缺乏相应景观与场所，是主要现状所在。我国是一个人均体育资源相对较为匮乏的国家。且不说偏远地区的高校，对于那些相对来说具有较为充足体育资源的高校，其中，也有很多学校是无法完全满足学校体育教学、运动训练、课外体育活动和体育竞赛以及开展大型体育文化活动需要的。除此之外，学校在体育宣传标语、体育标识、体育雕塑、运动场馆等方面比较匮乏，而且校园体育文化内涵是很难在以上这些校园体育物质文化形态的设计方面得到充分体现的。

在很多高校的图书馆中，藏书的数量是十分庞大的，种类也非常丰富。但是，大部分都是与本校重点专业学科有关的书籍，与体育相关的书籍却非常少，即使有体育的相关书籍，也往往较为陈旧。

我国注重的往往是高校的扩招，忽视了高校师资以及体育场馆设施方面的投资力度，这就在很大程度上制约着校园体育活动的举办和学生参与的积极性。

### （二）校园体育精神文化发展现状

校园体育精神文化缺乏人文底蕴是主要发展现状所在。通常，体育道德、体育观念、体育知识、体育风尚和体育精神等都是校园体育文化的精神文化形态的表现形式，这些会对学生追求理想、塑造人格、转变观念、行为自律和道德修养等方面产生非常重要的影响，但是，从当前的形势来看，在体育观念方面我国学校的体育师生仍比较落后，相对稳定的、普遍的集体体育行为风尚还没有形成。除此之外，单一的宣传方式、内容缺乏多样性、缺乏足够的体育宣传设施等方面，也将校园体育精神文化的不足之处反映出来。

在校园体育文化形成过程中，学校的传统体育思想以及观念的更新都会积极地将促进作用充分地展现出来。但是，校园文化有强势和弱势之分，其中，学校的组织文化、专业教育文化和科技文化等属于强势文化的范畴，而体育文化、艺术文化等则属于弱势文化的范畴，这就决定了校园体育文化很难在校园体育精神文化的培育和形成过程中起到促进作用。

从当前的形势来看，我国大多数学校在体育理论选修课方面有明显的片面性和缺乏专业性，可供选择的范围也非常有限。在学校中，所开展的一系列的学术讲座大都与体育文化缺乏直接联系，甚至关系不大。正是由于这一原因，使得学生很难深入地了解体育运动与健康、体育人文社科等方面的前沿理论知识。进而会对学生参与校园体育活动的积极性产生较大的影响，同时，这对学校精神的培育和传承也会产生不利的影响。

### （三）校园体育制度文化发展现状

校园体育制度文化缺乏保障机制是其存在的主要问题。一般来说，要想将校园体育文化所具有的文化功能充分发挥出来，制定出更为细化的制度是非常重要且必要的。很多高校尚未在校园体育文化管理机构建设、体育组织机构建设、学校体育长远规划、体育教师绩效管理、高水平运动员管理等方面形成一定的制度化文件，规范化和制度化更是无法谈起了。

我国很多高校在校园文化制度建设方面仍然借鉴之前的经验，很少进行与现代社会相符的创新活动。因此，在制度方面的建设便不甚理想，可操作性较低。此外，高校基本上将大部分的教育资源和精力放在了本校比较有特色的专业学科方面，这也是校园体育文化建设面临着重重困难的重要原因所在。针对校园体育文化的建设，每一任学校领导都有着各自的理念，所实施的政策也都是基于自身的理念制定的。这就造成了宏观层面在建设校园体育文化方面缺乏制度的有效监督和约束，在校园中，领导随意制定政策的现象比比皆是，这就进一步增加了校园体育文化建设的难度。即便取得了一定的建设成果，也难以维持和巩固，我国目前很多高校并没有设立相关的组织机构来专门对校园文化建设进行有针对性的设计、规划和实施，这也是我国在建设校园体育文化方面缺乏有效机制保障的重要原因所在。

### （四）校园体育行为文化发展现状

校园体育行为文化缺乏多样性和规范性，其主要问题所在，具体可以从以下三个方面得以体现：

**1.教师在体育行为方面的表率和引领作用较为欠缺**

从我国学校中教师的体育行为来说，在有效的引领和起表率作用方面是较为欠缺的。具体来说，第一，体育教师的年轻化趋势越来越显著。年轻的体育教师充满活力，有爱心，能得到学生们的欢迎和喜爱，但是同时，这些年轻教师在经验方面是较为欠缺的，在教育理念、创造力方面也不够成熟。因此，会对教学效果产生一定的制约作用。第二，起到表率作用的不仅仅是体育教师，其他学科的教师也不能忽视自身的引领作用，要对学生的身心健康时刻关注，从而使学生的理论知识和运动实践能力都得到有效提升，从而为学生运动锻炼奠定坚实的基础。

**2.学生在体育锻炼的积极性方面较为欠缺**

对于学习和身心健康来说，体育运动都有着非常重要的意义，这一点是学生必须要掌握的一个理念。但实际情况是，学生在体育运动锻炼的参与方面，积极性和主动性都是较为欠缺的。究其原因，主要是由于学生的学习压力过大，使得学生必须要利用各种课余时间来完成其他知识的学习。除此以外，缺乏相应的体育设施以及缺乏有效组织也是其中的主要原因之一。由于学生无法积极参与体育运动，就使得学生无法在建设校园体育文化的过程中展现自身的潜力和才能，这对校园体育文化良好氛围的营造是非常不利的。因此，可以得知，进一步激发和提升学生参与体育运动的积极性是非常必要的。

**3.体育社团的多样性较为欠缺**

学生是校园体育文化的主体。因此，体育行为的实现主要是通过学校中的各种休闲运动、体育竞赛以及体育社团所组织的各类体育活动来完成的。相较于国外高校的体育社团建设来说，我国高校的体育社团无论是从内容方面还是数量方面都显得比较单一，多样性较为欠缺，还有很大的发展空间。具体来说，不仅数量相对较少，互动内容比较单一，相应的宣传网站也没有建设起来。

## 二、校园体育文化的发展趋势

### （一）校园体育文化创新进一步加强

21 世纪，全球化发展趋势越来越显著，学校未来的发展在很大程度上取决于领导自身观念的转变以及治校理念的创新。虽然我国目前的高校教育中比较流行集权制，但就大学内部来说分权制仍然存在着。因此，要想使学校能给予校园体育文化所具有的潜在的教育价值充分得到重视的话，就必须对校园体育文化在延续学校传统、铸造校园精神、提高学校名誉和提高学生综合素质方面所具有的价值和作用有充分的认识。校园体育文化只有以我国的本土文化作为基础，形成中国特色，才能获得更好的发展。因此，这就要求我国必须要打破过去传统的教育观念，树立新的教育观，在校园体育文化方面加强创新，从而对校园体育文化的创新发展起到积极的促进作用。

### （二）校园体育文化制度保障体系逐渐建立起来

校园体育文化的健康、持续发展，必须有健全的校园体育制度文化，否则，这一目标将很难实现。鉴于此，便要求我国在发展校园体育文化的过程中，一定要建立健全校园体育制度文化。其中，所包含的内容主要涉及教师辅导制度的建立、校园体育文化发展评价体系的建立、办公室的建设等方面，只有这样的校园体育制度文化，才是健全的，才能对校园体育文化的进一步发展起到积极的促进作用。

### （三）逐渐构建起具有自身特色的校园体育文化体系

我国学校众多，不同的学校，其发展历史、校训、校风等方面都存在着一定的差异性，这就决定了这些学校之间的办学理念和价值追求也是各具特色的。学校的校训和校史都渗透在校园文化的各个方面。换句话说，就是每一个学校都有着自己独特的传统和特色。具体来说，美国高校都是以自身的传统作为基础来充分发挥自身具有的特色和优势，构建有本校特色的校园体育文化。这就使校园体育文化得以更好的发展得到了有力保证。由此可以得知，我国立足于本校实际，以此来对校园体育文化的开展和发展起到积极的促进作用，从而使过于千篇一律的校园体育文化发展模式得到有效避免。

### （四）校园体育文化发展逐渐完成转型

经过不断的发展、完善和创新，校园体育文化已经发生了较大的变化，这主要从以下几个方面的转型得到体现：

**1.校园体育文化逐渐由精英型向大众型转变**

精英教育，实际上就是指高等教育，从20世纪90年代末开始，我国的这种精英教育开始发生变化，当前已经转变为大众化教育。这也在一定程度上标志着我国已经进入到了大众化教育时代。随着我国社会经济的快速发展以及体育社会化发展程度的不断提高，我国的校园体育文化从精英型转变为大众型的发展态势已经越来越明显。由此可以得知，越来越多的学生已经受益我国校园体育文化的建设。

**2.校园体育文化从单一型转变为多元型**

21世纪，校园体育文化的发展已经逐渐与社会的发展相适应。因此，要想得到可持续的发展，必须做到所具有的内容能够使大众健身的要求以及社会发展的实际需要都得到较好的满足。

社会个体对体育的不同需求，在很大程度上决定了校园体育文化的多元化发展。因此，这就要求校园体育文化一定要摆脱单一性，向着多元化的方向转变。具体来说，就是要求学校要通过组织开展诸多有活力、更加新颖的体育文化活动，以对学生的业余生活进行完善和充实，在使学生掌握相关体育文化基础知识，树立健康的体育生活理念的同时，对学生创造能力和审美能力的提高起到积极的促进作用，进而对校园体育文化从"健身—教育、娱乐—激励"转变为"传播、审美、创新"创造良好的条件。

**3.校园体育文化从封闭型转变为开放型**

当前，随着经济的不断发展和社会的不断进步，过去闭门造车的教育模式已经在学校中渐行渐远了，学校已经逐渐与世界接轨，与国外的一些学校积极建立了交流和联系。正是在这种社会背景下，各种文化方面的交流也日益变得频繁，不同文化之间的碰撞也变得日益激烈，其中包含了体育文化交流。这也在一定程度上对我国校园环境变得更加开放起到积极的促进作用，由此得知，校园体育文化的发展也必然要博采众长，变得更加丰富多彩。

4.校园体育文化从自我型转变为社会型

对处于能够满足社会发展需要的高素质人才进行大力培养，是学校教育的一个重要任务所在。学校的发展核心应该定位于承担相应的社会责任，使命是服务社会，并满足社会发展的需要。在建立和完善社会主义市场经济的过程中，校园体育文化的发展必须要社会化。近年来，随着我国大众体育的快速发展，校园体育文化开始从自我型向社会型转变，而这种转变正好对校园体育文化更好地持续发展起到积极的推动作用。

# 第三节　校园体育文化的发展与创新

## 一、校园体育文化与体育教学改革创新

在校园体育文化的发展过程中，体育教学的改革创新发展会起到积极的推动作用。因此，校园体育文化与体育教学的改革创新是非常重要的。具体来说，可以从以下几个方面分析和研究：

第一，进一步促使校园体育文化建设与体育教学改革的结合。高校校园文化建设和校园体育文化建设的进一步加强，能够在很大程度上推动高校体育教学改革。另外需要强调的是，高校体育教学改革过程中，人文关怀的加强，"以人为本"改革理念的贯彻落实也是非常必要的。校园体育文化建设的加强，要求不断完善校园体育物质文化建设、校园体育精神文化建设、校园体育制度文化建设和校园体育行为文化建设，从多方面综合探索校园体育文化发展的新途径，这对校园体育文化建设迈上新台阶起到积极的推动作用。高校在开展体育文化建设过程中，要以本民族、本地区、本校的现实为主要依据，以大学生身体素质、文化素质、民族精神的提升为出发点，来开展校园体育文化建设和高校体育教学改革。

第二，借助文化传承创新以对校园体育教学改革起到积极的推动作用。高校体育教学改革的不断推进，是需要一定的助推力的，主要是指不断推动文化的传承与创新。可以说，这种促进作用主要从文化的传承创新能够解决体育教学改革

的意识形态领域的指导问题上得到体现。一方面,文化传承创新能够使体育教学改革理念得到进一步的完善。在高校体育教学改革过程中,一定要对学生的全面发展和终身体育意识、学生的主体性和创造性倍加重视,同时还要将学生的良好体育行为和体育习惯作为培养的重点,从而使学生的体育精神和文化素养得到进一步增强,使体育教学改革促进学生素质全面发展和身心健康发展的目标得以顺利实现。另一方面,文化传承创新能够为体育课改革提供必要的理论支撑。中国文化是高校体育改革理念的主要来源,这对于"以人为本、健康第一"的高校体育改革理念也是如此。通过高校体育教学改革,能够使学生主体地位与教师主导地位的发挥得到进一步加强。同时,也能够为学生提供更加舒适、愉悦的体育学习环境。

第三,高校体育教学改革将在文化传承创新方面的推动作用充分发挥出来。高校体育教学改革工作的不断加强,会对文化的传承与创新起到积极的推动作用,这种作用力主要在高校体育教学改革发掘中华文化在体育领域的文化内涵与特性,促进人的全面发展以及整合高校校园文化与体育文化等方面得到体现。

首先,体育课程改革将中华文化的特性充分挖掘出来。高校体育教学改革一直处于对理论、实践的探索和创新状态中,在这一过程中,与中国特色相符的改革目标、改革方法和改革模式逐渐建立起来。如此一来,便能够更加深刻地探索并体现中华文化的特性,尤其是中国体育文化历久弥新的内涵与特性,对中国文化的传承与创新起到积极的推动作用。

其次,体育课程改革提高大学生文化素质。当前,中国文化的传承与创新,主力军就是广大学生们。因此,在高校体育教学改革中不断提高自身综合素质特别是文化素质,从而增强在文化传承创新过程中的能力与作用,是广大学生应该努力做到的重要目标。高校体育教学改革对体育文化的竞技性、娱乐性、健身性和民族性的统一起到积极的推动作用。同时,也对大学生体育文化素质的发展起到积极的促进作用,这在一定程度上为文化传承与创新提供坚实的人才基础。此外,将文化传承与创新和高校体育教学改革相结合,还要对高校体育教学改革的课程结构、课程目标进行积极有效的调整,使校园文化建设与体育文化建设的融合进一步加强,从而对民族文化与外来文化的沟通起到积极的促进作用,使传统文化在当代社会迸发出更大的活力。

## 二、校园体育文化模式的创新发展

校园体育文化的发展，是需要按照一定的科学模式进行的，可以说，校园体育文化模式的创新发展，在很大程度上决定着校园体育文化的创新发展。具体来说，可以通过以下几个方面来对校园体育文化的全新模式加以理解和认识：

第一，对文化主体的需要与社会需要的关系加以协调。

由于校园体育文化主体需要与社会需要之间存在着一定的差异性，主要表现在出发点、形成机制、表现形式、自觉性等方面。鉴于此，妥善处理好校园体育文化主体的需要与社会需要之间的关系，明确两者之间的地位关系是非常重要且必要的。

对文化发展的自身需要来说，校园体育文化主体是促使文化长期、健康和稳固发展的重要保证，如果忽视主体需要，那么就会使校园文化发展流于形式，导致一定的矛盾和冲突出现，甚至校园体育文化形成一个有序、健康发展的文化系统的目标就难以实现。

尽管社会需要与校园体育文化主体需要之间存在着一定的一致性，但是，也不能将主体在各个侧面不同层次的需要忽视掉，否则就会对社会需要的满足产生不利的影响。进一步来讲，如果校园体育文化主体的需要得不到较好的满足，那么就会导致学生在心理上对相应的文化教育产生厌倦，进而对社会需要的实现产生不利影响。

校园体育文化主体需要会对校园文化发展产生非常重要的推动力，而社会需要则会对产生重要的影响，这两个方面都是不可忽视的重要方面。学生在发展过程中，可了解社会需要的发展动向，并将其内化为自身需要，以此来为体育文化的发展创造良好的条件。

在开展相应的校园体育文化建设过程中，首先，要对校园主体文化需要加以分析，对生理和心理特点有所了解，加强对其的沟通和理解，将满足主体需要作为各项体育工作的重要目的。在开展工作过程中，应将社会需要作为重要的基础，将作为衡量校园体育文化的重要标准，促进沿着健康的方向发展。其次，还要通过各种方式，使校园主体文化需要与社会需要之间的一致实现奠定坚实的基础。

第二，对外部性干预与主体主观能动作用的关系加以协调。

要有机协调外部性干预与主体主观能动作用两者之间的关系，可以从以下两个方面着手：一方面，保持开放的态度。在校园体育文化的建设过程中，要先将校园文化建设的主体明确下来。校园文化建设的主体能够在很大程度上推动文化的需要，并且对主观能动性的发挥起到积极的促进作用，从而使工作的效率得到进一步提升。非校园体育文化建设主体的外部干预性能够使文化建设的速度进一步加快，这就使走弯路得到了有效避免。但是，需要强调的是，这并不是说效率更高。究其原因，主要是由于校园体育文化主体自身进行校园文化建设，能够更好地发展自身的能动性，建设的文化体系更加有机统一，更加稳定，校园文化的主体能够更好地适应这一文化系统，生命力更加旺盛。外部性干预机制下形成的校园文化系统则可能与校园文化主体之间难以形成融洽的关系，难以相互适应。因此，保持积极开放的态度就显得尤为重要，具体来说，首先，要积极做到与社会发展需求相适应，并且积极借鉴外部文化，使文化的融合吸收得以顺利实现，通过外部性干预机制来促进校园文化的建设。其次，要对文化主体加以科学整合，使文化主体素质的发展得以实现，进而达到有效提升主体的主观能动作用的目的。

另一方面，发挥市场调节机制的作用。现阶段，我国已经将中国特色社会主义的发展道路确定下来。也通过各种途径来进一步深化教育体制改革。在人才培养过程中，市场发挥的作用逐渐得到重视，并以此为依据，有针对性地培养社会所需要的人才。

行政干预会对市场的调节机制造成一定的破坏，对市场调节机制的发挥是非常不利的。鉴于此，这就要求政府应积极履行新的政府职能，维持市场对人才需求的导向作用，使良好的人才培养模式发挥积极的促进作用。

第三，将起主导作用的制约因素的影响排除掉。

当前，校园体育文化发展的制约性因素主要有人生价值取向、社会交往模式、价值本位类型、价值思维方式这四个方面，这些也是要排除影响的方面。

一是人生价值取向。从简单意义上来说，人生价值取向就是人应该怎样度过人生才算是有意义的。

二是社会交往模式。所谓社会交往模式，实际上就是人与人之间、人与社会之间应该遵从的规范。

三是价值本位类型。所谓的价值本位类型，实际上就是在对事物进行价值评判时应该坚持的基本标准。

四是价值思维方式。价值思维方式，实际上就是在进行价值的选择与判断时，所运用的各种思维方式。

文化中包含着非常丰富的内容，其中，有优秀的部分，也有糟粕的部分。而校园体育文化的发展，需要汲取其中优秀的营养部分，糟粕部分要摒弃掉。校园文化中上述几个方面中的糟粕之处，会破坏健康及积极的校园文化的形成与发展。因此，这就要求坚决抵制这些文化中的糟粕。这样，塑造体育文化发展的全新发展模式才有可能得以实现。我国积极倡导建立社会主义核心价值观念，促进精神文明建设，这对主导性制约因素的影响具有积极的意义。

# 第四节　校园体育文化的科学体系建设

## 一、校园体育文化建设的原则

在校园体育文化建设过程中，需要遵循一定的原则，以此来保证校园体育文化建设的正确方向。具体来说，应该遵循的基本原则主要有以下几个方面：

### （一）"以人为本"原则

校园体育文化的主体是学生。学生不仅是创造者，也是体现者，更是未来祖国建设的主力军。因此，这就要求校园体育文化建设要在素质教育的基础上，将德、智、体全面发展的综合性人才作为重点培养的目标，让学生在学校得到充分锻炼，对体育观念、体育精神、体育价值、体育道德有一个正确的认识，并把"公平、公正、公开"的体育原则和"更高、更快、更强"的体育精神融入平时的生活和学习当中。同时，学生还是一个社会体育的传播者。这就要求自身的体育组织能力要不断得以强化，从而更有力地为社会全民体育健身服务。

因此，在将学生这一校园体育文化的主体确定下来之后，就要求学校组织的体育活动要以学生为核心，对学生的需求加以了解，这样的体育组织活动才是有意义的组织活动，其文化形态也是有一定生存价值的。

### （二）与时俱进原则

各个时代的特征，往往是从文化形态上得到体现的。同时，也取决于文化形态。不管是表面的形态上，还是内在的实质上，都必须与社会发展相适应。随着社会经济的发展，社会在不断地进步，现代经济、科技、生活日新月异，人们对体育的要求也不断地改变。当前，全民健身的热潮已经取代了之前对某个运动项目的追捧，人们对精神文化的追求越来越高，这与之前人们单纯的物质追求也有了较大差别。在这样的大背景下，作为社会亚文化的校园体育文化，必须随着社会需要而转移建设方向，与社会同步发展，才能更好地与现代社会相适应，为社会提供更好的服务。

### （三）协调性原则

校园体育文化建设是一个系统工程，有着很多构成因素，要想保证其建设的顺利进行，就必须让各种因素协调发展。具体来说，要做好几个方面的协调工作：第一，要做好课堂教育与非课堂教育之间的协调工作；第二，要做好"软"与"硬"的协调工作，具体来说就是体育场地、器材、体育师资、体育组织等硬件建设，与体育精神、体育制度、体育观念等软件建设之间的协调。

### （四）客观性原则

随着时代不断更迭发展，会有很多产物，校园体育文化就是其中的一个重要方面。因此可以说，它有实质性的内容，如物质设施、学生主体、管理制度等，不是一个空虚的文化概念。这些都是客观存在的，而对客观存在的东西，我们不能以主观的臆断作为标准，必须以客观的眼光进行观察。因此，在教学过程中必须结合学生的客观事实进行不同教育。总体来说，校园体育文化建设必须以客观事实为主要依据。

## 二、校园体育文化建设的要求

在进行校园体育文化建设时，仅遵循基本原则是不够的，还要做好相应的基本工作，这样才能保证校园体育文化建设的顺利实施。

### （一）物质文化建设要具有实用性和安全性

由于校园体育活动的场地和设施并不充裕。因此在设计时，实用性就成为首先要考虑的重要方面，应尽可能使学生体育运动需求得到最大程度的满足。

健康体育，所追求的就是健康。因此，安全是需要强调的重要方面。在学校体育活动中，事故的出现与这一理念是相违背的。这就要求在校园体育物质文化建设时要特别强调安全性，要对体育场地、体育器材等进行经常性检查，将存在的各种安全隐患消除掉。

### （二）要保证组织的多样性

校园体育文化建设必须与时代发展的要求相适应，这是根本要求。但是实际情况则是，如今校园体育文化根本不能使时代的需求得到较好的满足。当前，学校体育活动多样性、内容健康性、娱乐性已经成为校园体育文化发展的必然趋势。鉴于此，就要求校园体育文化建设必须走多元化道路。组织形式必须突出多样性，给学生更多的选择空间。除此之外，还要建立起一个多元化的组织模式，使学校体育活动的覆盖面有所增加，进而吸引更多的学生参与到体育锻炼中来。另外，组织形式的多样性也能够将校园体育文化健康性、娱乐性凸显出来。

### （三）要保证健康性和娱乐性

在校园体育文化建设中，"健康第一"是非常重要的一个理念。因此，首先，健康的体育锻炼环境是非常重要且必要的；其次，健康的体育意识也不可或缺，这就要求在校园体育文化建设过程中，要加大对学生树立体育意识的宣传，帮助学生树立正确的体育观、人生观，让体育精神深入到学生的生活行为中去。

学生对枯燥的校园学习生活，往往会产生焦虑和疲劳的不良精神状态，长此以往，学生的心理发育就会出现很多问题，不利于学生身体发育和学习。而校园体育文化的娱乐性是学生身心得到放松的最佳途径。丰富多彩的娱乐项目能够使学生获得精神愉悦和自由，保持乐观的情绪，暂时忘掉学习上的烦恼和焦虑，让学生在一个松弛有度的校园生活环境中健康成长。

### （四）持之以恒地进行体育建设

学生要想熟练掌握体育锻炼技术，不断提升体育意识，就必须长期不懈地进行体育运动锻炼。校园体育文化氛围的创设、健康发展道路的探索也是在历史的进程中逐渐实现的。另外，校园体育文化建设中所出现的问题永远伴随着校园体育文化建设的全过程，而且这些问题往往带有时代的因素。因此，校园体育文化建设必须做到持之以恒。

## 三、校园体育文化建设的科学路径

要想科学建设校园体育文化，必须借助于科学的路径，具体来说，可以从以下几个方面，有针对性地加以建设：

### （一）校园体育物质文化建设

1.科学布局，使校园体育物质文化环境得到进一步优化

对很多学校来说，体育运动场和体育场馆有着非常重要的作用和意义。具体来说，不仅是学生和高校教育工作者锻炼、休闲、聚会的场所，同时，还是反映学校物质文化的形象工程。现阶段各高校不断扩招，这就进一步加大了学校教学设施建设的压力，因此，很多高校开始加大这方面的资金投入，使学生学习的环境得到了改善和优化，满足了高校体育教学与训练的需要。高校体育场馆和基础设施建设是高校校园建设的重要部分，这就要求校园场馆的布局要尽可能做到科学，合理，与校园环境协调一致，否则，会对校园的整体规划和体育场馆的使用率产生不利影响，同时也会给学生的锻炼造成不便。从某种程度上来说，科学合理的布局是高校体育场馆设施发挥价值的关键，同时也是整个校园环境是否协调的重要标志。

2.精心设计体育人文景观，提升高校体育物质文化品位

在文化的环境构建中，物质文化是处于基础地位的，精神文化是在此基础上发展的。反过来，精神文化也会反作用于物质文化，这种反作用主要是导向作用。依据学校体育建设的需要，在校园内适当挖掘体现学校体育文化的人文景观，能够使高校体育物质文化得到进一步的丰富和充实，从而对学生产生潜移默化的影响。

高校的人文体育景观的设计与建设能够将人们的智慧充分体现出来，进而促进人们对体育的理解和诠释。由于每所学校有着不同的办学历史、办学理念、办学区域、办学方式，以及传统校园文化与时尚体育文化的区别，因此，校园体育文化也是各具特色、不尽相同的。通过校园体育人文景观的建设，能够使校园体育文化品位的基础得到有效提升。这是高校体育文化的外在标志，对形成良好的校园体育锻炼氛围和宣传弘扬体育精神有着积极的作用。

3.通过教师进修保障机制的建立来达到有效优化校园体育人力资源的目的

高校体育教师是校园体育物质文化建设的重要主体之一。我国教育体制一直以来都存在着弊端，高校领导往往忽视对体育教育的重视，这就导致体育教师的进修机会相较于其他学科教师来说非常少。因此，这就要求政府要通过制度上的完善来使体育教师的进修机会得到保证，从而使高校体育教师的整体素质得到有效提升。同时，"人文奥运""以人为本"的理念在高校的指导作用也要进一步加强，从而使高校体育教学的改革进一步深化。为体育教师的发展创造更多的机会，以加速体育教师观念的更新。除此之外，树立"体育是一种教育文化"的观念也是非常必要的。比如，可以通过定期举办体育理论研讨会，树立教师的体育教育观念，提高体育教师的人文素养。

### （二）校园体育制度文化建设

1.结合实际，建立健全高校体育规章制度

高校体育规章制度是各高校以学校自身的实际情况为主要依据，与国家制定的有关学校体育法规有机结合起来，确保学校体育活动行为准则的实施。通过高校体育规章制度的制定，能够使国家有关体育法规规定的体育教学任务、训练与竞赛以及群众体育活动的开展得以顺利完成。同时还能继承与发扬学校优良的传统体育文化，使学校的校园体育文化有一定的特色，从而对人才培养产生一定的影响。

由此，各高校体育规章制度必须与学校体育实践紧密结合，解决学校体育所面临的问题，规范学生和高校教育工作者的体育行为，指明学校体育的发展方向。

2.以人为本，使高校体育制度人性化

高校制定体育规章制度的主要目的在于为高校体育的发展提供更好的服务。从本质上来说，校园体育文化是一种以广大师生生存、享受、需要为出发点、归宿点和最高价值目标的人文形态。一直以来，校园体育文化都能够将人文精神、人文目标、人文价值理念充分体现出来。也正因如此，高校体育文化赋予了深刻的、内涵丰富的人文精神。"育人"是高校所有体育文化活动开展的目的所在，因此，促进参与主体全面发展为目的，使之形成科学的世界观和方法论，树立正确的价值观和人生观，使高校体育文化与高等教育有机结合，从而对广大师生产生潜移默化的教育作用。

高校体育规章制度要将人性化特点充分体现出来，就要求从教育的角度出发来制定所有的相关制度，对学生坚强的意志和团结协作的精神加以培养，以提高学生体育文化素养，使学生在体育活动中接受教育，对成功有更加深入的体会。

除此之外，处理好高校体育资源的公益性服务与高校体育产业化的关系，纠正高校体育文化产业化的误区，对高校体育制度的人性化建设也有着非常重要的影响和意义，所以，要作为关注的重点。

3.将责任加以细分和定位，将校园体育文化部门的职能充分发挥出来

我国学校的体育教学部、学校行政部门、校医院、后勤部门、学工部、校团委、宣传部、校工会、学生体育协会等部门都会对学校体育文化建设起到重要的管理或协助管理作用，但是很多部门之间在职能上存在着模糊不清的定位，使校园体育文化建设的管理工作较为混乱，办事效率非常低下，从而在很大程度上限制甚至阻碍了校园体育文化的发展。因此，科学、合理的组织、管理体系，是校园体育文化健康发展的重要保障，不可或缺。

通常情况下，可以将校园体育文化组织、管理体系分为两个层次：一个是以学校体育文化发展需要，为主要依据而成立的专门的学校体育文化建设部门，它主要是由学校各相关职能部门组成，校体育运动委员会就是较为典型的一个；另一个是有相同兴趣、爱好和追求共同的体育价值观念的学生群体，自发成立的学生体育社团，各个学生体育协会就是其中的一个典型。这些部门都要以校园体育文化的功能和特点为主要依据，将其与知识性、专业性、娱乐性有机结合起来，使自发与指导有机统一起来。

学校各级行政职能部门要将校园体育文化建设作为关注的重点，具体可以从以下两个方面着手：

一方面，要从总体上出发，科学设计校园体育文化建设，并且在对各部门的职责进行分工的基础上，分别指导与落实。在开展高校体育文化活动时，要坚持遵循教育性、创造性原则，将校园体育文化的功能充分体现出来。根据学校的实际情况将一支学校体育文化建设的骨干队伍组建起来，从而使社团组织的连续性及与时俱进状态得到有力保证，并不断地从事研究，做好校园体育文化活动的指导和组织工作。

另一方面，要对学生体育社团建设做到积极支持、热情扶持、适时引导。大学生体育社团本身所具有的显著影响力和广泛的群众基础就是本身的优势所在，因此，在组织丰富多彩的校园体育文化活动方面有着得天独厚的条件，这对学生树立共同的目标和价值追求非常有帮助。另外，需要强调的是，在对学生体育社团建设进行积极的引导与扶植时，要切实加强管理，将社团的宗旨和章程制定出来，理顺组织体系，将民主、平等的人际关系，以及浓厚的民主气氛建立起来，积极开展社团活动，将培养学生主动学习的能力作为重点工作来拓展。

### （三）校园体育精神文化建设

#### 1.强化健康体育文化观念

原有的以竞技体育文化建设为中心的建设观念模式，已经与现代社会不相适应了。因此，要将以健康体育文化观念为中心、多元化齐头发展的校园体育文化建立起来，并且积极开展各种以促进学生健康发展为目的、以健身、娱乐为内容的校园体育文化活动。具体来说，就要使竞技观念逐渐淡化，而使健康、娱乐观念进一步强化，体育文化活动对参与者身体素质和技能的要求要适度降低一些，从而使校园体育文化活动成为大多数学生和教师积极参与的对象。同时，爱国主义、集体主义、拼搏进取精神和竞争开拓精神等健康的体育精神，也是校园体育精神文化建设过程中应该积极倡导的，把体育精神与学风建设融合为一体，这对学生形成正确的人生观、价值观、世界观定会起到积极的引导和完善作用。

#### 2.学生体育诚信观念教育要进一步加强

在我国的文化中，道德是处于非常高尚的地位的，有着深远的影响和意义，这在政治、法律、文学、体育等方面都有着非常显著的体现。中国文化的泛道德性，使体育成为教化民心的一种手段，即所谓的礼乐之治。

公平竞争是体育的一个重要内在价值，这不仅能够使每一个参与高校体育文化活动的个体都在创造美、感受美。而且还能够使每一个参与体育文化活动的个体心灵得到感化，情操得到陶冶。除此之外，使每一个参与高校体育文化活动的个体学会尊重他人，尊重自己，在公平竞争的框架上与对手既竞争又协作，进而达到超越体育竞争本身的意识，获得对手及人们的尊敬，对精神文化的发展起到积极的促进作用。

鉴于此，就要求在进行科学的校园体育精神文化建设时，一定要使学生的体育诚信教育、体育道德行为规范、健康良好的生活习性和行为方式，得到较好的教育。同时，学校体育制度制定的公平性也要进一步加强，保证执行过程中的公正性和规范性，进而对校园体育精神文化建设起到积极的促进作用。

### （四）校园体育行为文化建设

#### 1.全力规范教学性体育活动

在校园体育文化活动中，处于核心地位的校园体育教育教学活动是最基本的表现形式，同时也是学生接受正规的体育教育和训练的主要途径。高校体育教育教学活动是教师与学生之间相互交流与了解的主要途径。

要想使校园体育教学活动得到进一步的规范，就需要在体育课的教学中使体育教学改革进一步深化，将以学生的学习和锻炼为中心确立下来，培养学生树立体育意识，养成锻炼习惯，提高锻炼能力。除此之外，体育课程建设和教材的选择也不能忽视。

#### 2.大力开展健身性体育活动

当前，全民健身运动开展得如火如荼，这在校园中也有着广泛的开展。从某种意义上来说，学校中的全民健身活动是我国全民健身活动的较高层次，在我国全民健身活动的发展中起到重要的引领作用，为我国全民健身活动中的体育人才与骨干的培养做出了突出的贡献。同时，由于高校广大师生教职员工的学习与工作时间较为固定，全民健身活动的组织工作较容易开展，规模也容易形成，全民健身活动在高校校园里的普及和推广，便于各种休闲、时尚、娱乐的非竞技性的体育项目在高校的开展。比如，阳光体育活动的大力开展就是非常典型的例子。

### 3.举力开展竞技性体育活动

在学校中所开展的以竞技体育项目为内容的各种体育竞赛活动，就是所谓的竞技性体育活动。在校园中，竞技体育活动的开展，主要是为了活跃校园气氛、丰富广大师生的课余文化生活、增进交流、培养坚强的意志和集体主义精神，这与正式的竞技性体育活动有着本质上的区别。

积极开展校内与校际体育竞赛活动，是校园体育行为文化建设的主要途径。具体来说，通过校内体育竞赛的开展，能够对学校体育活动广泛开展起到积极的推动作用，同时也能对学生运动技术水平提高起到积极的促进作用，这对激发学生积极参与到体育运动中有着重要意义。而通过校际体育竞赛活动的开展，在促进运动技术水平和学校知名度得到提高的同时，还能够将学校之间在体育工作方面的优劣势体现出来，这对学校体育文化的进一步发展和完善起到积极的导向作用。

### 4.合力开展竞智性体育活动

竞技性体育竞赛是竞智性体育竞赛中的一个重要部分，主要作用在于对人的生理潜能进行充分挖掘并使其充分发挥出来，对人体进行科学的训练和培养。可以说，其本身就是一种创智过程，通过人体活动，来将其智慧充分表现出来。

竞技性体育竞赛活动有着非常丰富的内容，可以根据其相应的特点和价值来进行分类。比如，较为主要的有各种棋牌类、电子竞技类、体育知识竞答类等。需要强调的是，这种体育竞赛活动的开展很少受到年龄、性别、场地器材、时间、天气、经费、人数各方面的限制。这类体育项目的逻辑思维能力强，与广大学生积极思考、勇于挑战的品质是相适应的。因此，这类体育项目在学校中是非常易于开展的，对这类体育竞赛活动进行相应的组织工作是较为容易的。

总体来说，竞技性体育活动的开展，能够将身体素质水平存在差异的学生组织起来，使他们共同参与到体育活动中，感受体育活动的乐趣，也起到了宣传和发展体育人文精神的作用。

### （五）校园体育价值文化建设

#### 1.不断更新观念，将正确的价值理念树立起来

从本质上来说，体育是任何一种通过身体运动谋求运动个体身心健全发展的

竞技性、表现性、娱乐性、教育性的社会活动，个体会得到有目的、有意识地培养或改造。对活动来说，人是客体与主体的结合体，理性思考和哲学思维都存在着，因此可以说，体育是一种以人的体育行为为特征的社会现象。

作为一种文化形式，体育在校园中也有着特殊的作用和意义。校园体育在很大程度上体现出了教师和学生的意志，同时具备了构成校园体育文化观的文化形态和构成校园体育物质观所带来的必然结果，将师生追求、良知、社会责任感和价值观充分体现了出来。

2.通过传媒的利用，使校园体育文化的宣传力度进一步加大

校园中宣传体育文化的主要的渠道是体育课堂教学、业余体育训练、校园体育竞赛等，除此之外，校园体育传播媒体也是向学生宣传校园体育文化的重要渠道之一。

具体来说，校园内的传播媒体也是非常丰富多样的，比如，校电台、校园网络、校报。在校园体育文化的宣传过程中，一定要将这些物质资源充分利用起来，使学生对校园体育文化有更加充分的了解和认识，建立良好的体育意识，使学生从无意识地关心学校体育文化建设，到有意识地关注学校体育文化建设，再到积极参与学校体育文化建设中来。

另外，还可以通过电台、网络等途径来对校园体育文化加以宣传，使广大学生互动交流，以便对学生在校园体育文化方面的需求有最全面、最直接的了解，同时，还能够在较广覆盖面的范围内收集有关高校体育文化建设的信息和建议，进一步促进高校体育文化的发展。

# 第五章　面向体育强国的大众休闲体育文化建设

在全民健身理念日益深入人心的今天，各种类型的休闲体育活动早已成为人们热衷参与的一种运动方式，形成了一个相对健全的休闲体育文化体系。本章主要论述体育强国背景下大众休闲体育文化发展探索，内容包括休闲体育文化理论体系阐述、休闲体育文化的现状与发展趋势、休闲体育文化价值的实现途径和休闲体育文化的产业化发展探索。

## 第一节　休闲体育文化的内涵

### 一、休闲体育文化的概念与特征

#### （一）休闲体育文化的概念

休闲体育文化是人们在休闲体育运动实践中创造并享有的物质实体、价值观念、制度规范及行为方式。休闲体育文化正是由这些建构因素综合而成。从文化视角切入进行研究，能帮助人们深刻地认识与理解休闲体育文化的丰富内涵，对休闲体育文化体系进行科学的建构。发展到现在，休闲体育已成为人们重要的生活方式，人们在日常生活中经常参加各种各样的休闲体育活动，极大地丰富了自己的精神文化生活。

总之，休闲体育文化就是人们通过体育运动的方式，在休闲的实践过程中创造并共同享有的，关于这一社会现象的物质实体、价值观念、制度规范及行为方式的总和。

### （二）休闲体育文化的特征

从字面来理解，休闲体育文化是休闲文化与体育文化相结合而成的，属于一种新的体育文化形态。休闲体育文化除了有体育文化的普遍特征外，还有自身的独特性。

1.主动创造性

最初，体育有较强的政治功利性特点，后来随着时代的不断发展，这种政治功利性也发生了一定的转变，体育的休闲娱乐性日益增强，尤其表现在休闲体育中。休闲体育的这一转变也在一定程度上改变了人们对体育的态度，即人们不再被动接受体育，而是主动性去创造，根据自己的喜好选择和创造各种体育休闲方式。因此，人们在参加休闲体育运动的过程中，不仅是自觉能动的，而且还富有一定的创造力，这也是休闲体育文化得以发展的重要原因之一。

可以说，创新是休闲体育活动最突出的特点之一。在现代社会背景下，追求生存早已不是人们参加和创造休闲体育活动的目的了，而享受和发展才是重点。在当今休闲时代，人们都在思考"如何去运动"，如何在运动中获得快乐和享受。除此之外，人们在参与休闲体育活动的过程中，不再一味地去追求结果，而是享受运动的整个过程以及运动过程中所带来的身心愉悦。总之，主动创造性成为休闲体育文化的重要特性。

2.潜在功利性

自古以来，体育与政治就有着密切的关系，这是因为体育文化有重要的泛道德特性。体育与政治之间一直以来都是无法分割的，二者是一个共存体，因此体育就理所当然地表现出一定的功利性。作为体育文化的重要组成部分，休闲体育文化也表现出同样的特性。

在当今社会，大众体育的政治功能性非常突出，体育服务于社会生产和国防的作用被作为重点强调的内容，这主要是受国际和国内形势影响的结果，在很长的一段时间里，体育都成为政治服务的工具。

随着社会经济的不断发展，人们的物质生活水平也得到了逐步改善和提高，使得人们有了更高的追求。在新的时代背景下，人们更加渴望积极健康的生活方式，休闲体育就为人们这一生活方式的建立提供了可能。在这样的背景下，休闲体育的功能和特点也发生了相应的变化，体育的政治功能日渐弱化，休闲娱乐功能得到增强。但需要注意的是，尽管休闲体育的娱乐性得到了高度的重视，但是本身仍然有一定的政治性，这是不能抹杀的。

### 3.规则游戏性

休闲体育是人们的一种生活方式，人们在参与各种各样的休闲体育活动过程中，并不十分重视运动项目本身的规则性，技术性也被淡化，注重的是运动项目本身的游戏性和活动性。人们参与休闲体育活动，不仅可以不用完全按照项目本身技术要求来做动作，而且还可以自由发挥和创造，在其中获得运动的愉悦是最为重要的。由此可见，休闲体育文化的个性化非常明显，但并不是说休闲体育就不被规则约束和限制，而是需要有一个统一的约定，有一个人们都共同接受的游戏规则，参与者在活动过程中始终都要遵守这一游戏规则。

### 4.二元统一性

休闲体育文化有重要的二元统一性特点，这主要体现在活动主体身上，如物质与精神的统一、身体活动和心理活动的统一、体力和智力的统一等。从形式上看，人们参与休闲体育活动，主要是身体的活动，如通过身体各部位的活动来完成各种动作，在动作速度、距离、方向等方面产生变化，消耗机体物质能量、促进血液流动等。但人们在活动身体的同时，心理和精神也在活动，主要表现在体验休闲运动的乐趣，体验活动的紧张感与成就感，在活动的过程中表现自我、实现自我价值等，在这一过程中，人们思想与精神的变化和活动是超越身体的，精神活动与身体活动的协调发展促使人身心双修、和谐发展。潜水、攀岩、冲浪、漂流等休闲体育项目对参与者的要求不仅体现在体力上，还体现在智力上，参与者要完成各种高难动作，不仅需要发挥自己的能动性和创造性，还需要具备顽强勇敢的拼搏精神，在整个活动过程中，人的情感、意志等都会参与其中。而有些休闲活动以思想活动为主，几乎不需要身体参与，如文学类活动、艺术类活动等。

总体而言，发展到现在，休闲体育已成为人们一种重要的生活方式，人们在参与各种类型的休闲体育项目的过程中来满足自己的身心需求。在其中，人们深刻认识到了体育的附加功能，同时人们也对休闲体育文化有更深入的了解。休闲体育文化中渗透着人文精神，是以"以人为本"为精神核心的体育文化形式。

## 二、休闲体育文化的多样内涵

休闲体育文化的内涵有多样性，这主要表现在三个层面，即物化层面、价值观念层面和制度规范层面。

### （一）物化层面

休闲体育文化在物化层面上有非常丰富的内容，具体体现在以下两个方面：

1.人造物

在休闲体育中，人造物的主要目的是更好地参加体育活动，一般情况下，人们对人造物的命名主要以功能与作用为依据，如各种各样的球场和体育馆、各种球类用具等。

2.自然物

在休闲体育中，自然物是指被改造后的自然物，而非纯自然物。人们对自然物进行改造的目的是满足自己健身锻炼的需要，如高尔夫球场、滑雪场等就是重要的改造后的自然物。人们在参与休闲体育运动的过程中，对各种自然物进行一定的改造，然后从中体验和享受，获得身心愉悦的需求。

### （二）价值观念层面

在价值观念层面上，休闲观念与体育观念是休闲体育文化价值观念的重要内容。人们可以从以下三个方面来认识与了解休闲体育文化的价值：

第一，人们在参与休闲体育活动的过程中，将自己对休闲体育的见解和态度充分展现出来。

第二，人们在参与休闲体育活动的过程中，能够表现出自己对不同休闲方式的倾向性，这也从一个侧面反映了人们对休闲体育价值的认识。

第三，人们在参与休闲体育活动的过程中，不断加深对休闲体育文化价值的认识，能积极主动地对休闲体育价值体系进行挖掘和创造，这对休闲体育文化价值的弘扬与发展是非常有意义的。

### （三）制度规范层面

通常情况下，社会制度规范体系的特点也能够通过休闲体育表现出来，这主要体现在以下几个方面：

（1）在现代社会背景下，社会对人们各种行为的评判倾向、发展水平等都可以通过休闲体育文化体现出来。

（2）人们在参与休闲体育活动的过程中都必须遵循既定的准则，否则就失去了必要的秩序，体育法规对人们的体育行为进行约束，对人们参与体育运动的权利进行维护。

（3）为了使人们参与共同活动的权利得到保障，不同的休闲体育活动项目都有统一的活动方式和规则要求，这有利于规范人们的休闲体育行为。

（4）人们在参与休闲体育活动的过程中，逐步融入了体育活动这一运动性的休闲方式。休闲体育运动本身包含两个方面的内涵：一方面，表现出人的自然属性，满足人的本能运动需求；另一方面，休闲活动的运动方法大都已经经过了社会化处理，人们能够通过参与这一活动来使自身的其他社会需求得以满足。所以说，休闲体育文化是一种社会文化现象，而且人们在闲暇时间参与不同的休闲活动正体现了不同个体的价值倾向。

# 第二节　休闲体育文化的现状与发展趋势

当前，随着全民健身运动的深入开展，休闲体育文化的发展也迎来了一个美好的春天，总体来看，休闲体育文化的发展现状与趋势主要表现在以下几个方面：

## 一、休闲体育文化的现状

### （一）休闲体育文化受到广泛关注和重视

在全民健身的背景下，人们的休闲体育观念得到了较大的转变，花钱买健康的思想得到了弘扬，人们逐渐接受和适应了休闲体育的各种收费，认同休闲体育的市场化和产业化发展是重要的一部分。

### （二）休闲体育基础设施不断得到改善

随着大众健身需求的日益高涨，人们参加休闲体育活动需要有一个良好的基础设施和设备条件做保障。因此，近年来我国政府相关部门开始大力投资兴建体育场馆，休闲设备，极大地改善了人们参与休闲体育活动的条件。这对我国休闲体育活动的开展是非常有利的。

### （三）各种类型的休闲体育运动项目不断涌现

发展至今天，休闲体育运动项目越来越多，其中传统武术、气功、游泳、跑步等项目受到的限制较小，人们不需要太大的经济投入就能参与其中，而一些新兴的休闲体育项目则需要一定的花费，如攀岩、滑翔、空中滑板、滑冰等极限运动。目前，极限运动受到大量年轻人的欢迎，到处都可以见到参与轮滑、滑板的人们，各种俱乐部屡见不鲜，这充分说明了休闲体育良好的发展势头。

### （四）参与休闲体育运动的人口逐渐增多

人们参加休闲体育都是平等的，不同年龄、不同性别、不同社会阶层的人都可以参与其中，从中获得一定的身心需求。正是由于休闲体育运动的这一特点，才使得参与休闲体育的人口越来越多。目前，随着体育运动的不断发展及时代的不断进步，各种类型的休闲体育项目不断涌现出来，为热爱健身的人们提供了诸多选择。感受现代休闲体育设备带来的运动乐趣和精神享受。近年来，参与休闲体育活动的人员在休闲体育运动项目的选择上呈现出明显的差异，老年人一般选择散步、门球、太极拳等有氧活动项目。

## 二、休闲体育文化的发展趋势

### （一）从身体锻炼模式发展为休闲体育模式

以往人们参加体育活动的主要目的是健身，以增强自己的体质，发展到现在，人们的健身观念发生了一定的转变，除了健身的目的外，娱乐性的成分大大增加。过去人们参加体育健身活动表现出一定的功利性，为了健身而健身，带有强烈的目的，体育锻炼成为人们的一种任务和负担。

随着人们体育健身观念的转变，休闲体育已成为人们一种重要的生活方式。休闲体育强调人们的自由体验，人们可以在健身的过程中充分发挥自己的创造性来获得身心愉悦。我国从事体育锻炼人群的动机已由之前单纯的健身动机发展为健身、休闲、娱乐、教育、交往等多样化的动机。

### （二）休闲体育将更加人性化与社会化

发展到现在，人们参加休闲体育活动呈现出非常明显的个性化特点，休闲体育项目的多样性也为人们的个性化选择提供了充分的可能性。

在当前社会背景下，很多有着共同爱好的人逐渐聚集起来，成立了一定的健身组织，互相交流经验，获得共同的发展。而更高层次的则以一些提供辅助设施或工具的小经济实体为依托，建立和形成了一个社会化的组织。在未来的发展中，可以想象各种非营利性休闲体育团体将逐步成为相应项目的组织者与协调者，为休闲体育的推广、交流提供重要的服务。

### （三）电视、网络将成为休闲体育发展的助推器

随着现代社会的不断发展，电视、网络等各种大众媒介的作用日益凸显，这些新兴的媒体也成为促进休闲体育事业发展的重要推动器。

大众媒介的快速发展使得人们更加关注各种类型的体育活动，体育与广大观众之间的距离大大缩短，大量的竞技体育项目经过改造后，成为人们休闲体育活动的内容，从而使更多的人成为休闲体育的参与者。当前，各种大众媒介对休闲体育的报道与宣传也在不断增加，这极大地促进了休闲体育健身人口的增加。

### （四）休闲体育将更加商业化和产业化

现如今，休闲体育已经成为现代健康生活方式的重要组成部分，参与休闲体育人数的不断上升带动了整个体育消费数量的持续增加，体育相关产业也得到良好的发展。在我国，休闲体育产业发展还处于一个初级发展水平，但有着广阔的发展空间和巨大的潜力。相信随着我国参与休闲体育活动人数的不断增长，必将极大地推动我国休闲体育相关产业的发展。

在现代社会背景下，商业发展非常繁荣，这为休闲体育产业的发展创造了一个良好的环境，有利于休闲体育形成一个商业化产业。

# 第三节　休闲体育文化价值的实现途径

## 一、休闲体育文化价值的概念与特点

### （一）休闲体育文化价值的概念

在各种各样的休闲体育活动中，休闲体育文化与人的发展构成了一种特殊的互动关系，休闲体育文化既满足了人们身体需求和情感需求，同时又促进了社会的发展，在长期参加休闲体育的过程中，人们逐渐对休闲体育文化产生了一定的依赖性，这充分表明了休闲体育文化的巨大价值。可以说休闲体育的文化价值，是休闲体育得以形成和发展的重要源泉。

### （二）休闲体育文化价值的特点

1.实现人类对精神自由的追求

从原始社会发展至今，人类在改造物质世界的过程中不断追求精神方面的发展。在人类社会早期，受认识局限性的限制，人们对大自然充满了敬畏，人们崇拜自然力量，很少涉及精神方面的认识。但是随着社会的不断发展，人们创造了大量的物质财富，社会观念也开始发生了逐步的转变，人们在享受物质财富的同时，开始展开精神上的追求，在这样的背景下，体育开始进入人们的视野，其中休闲体育文化作为重要的内容备受人们的青睐，从而获得了良好的发展。

2.体现"以人为本"的理念

在现代社会背景下，"以人为本"的理念日益深入人心。起初人们参加各种体育活动，本身就体现着"以人文本"的价值，参加体育活动的目的就是促进自身身心健康的发展，而休闲体育活动在这一方面表现得尤为突出。一般来说，休闲体育不存在对体育成绩的要求，没有严格的制度规范，这充分体现出"以人为本"的核心价值。

### 3.发挥人的主观能动性

人们的健身观念是不断转变与发展的，因此人们休闲体育活动需要有一定的新奇性，需要不断创新与发展。在将来休闲体育发展的过程中，必须要充分发挥人的积极主观能动性，追求休闲体育更高层次的发展。

## 二、现代社会背景下实现休闲体育文化价值的途径

在现代社会背景下，要想实现休闲体育文化的价值，可以从政府、社会和个人三个方面展开具体的研究与分析，以期找到实现休闲体育文化价值发展的途径。

### （一）政府政策引导机制

（1）政府应根据当前休闲体育发展的现状，合理规划和布局包括场地器材在内的休闲体育硬件设施，为人们参加休闲体育活动提供良好的物质基础保障。

（2）政府应针对不同地区休闲体育发展的情况，进行必要的宏观调控，提升本地区休闲体育的价值。

（3）政府应引导大众传媒加大对休闲体育文化的宣传与推广，从而营造一个良好的大众休闲体育健身的环境和氛围。

（4）政府应加大学校体育教育指导和投入，确保学生的休闲体育教育权利。

### （二）社会公共服务体系

随着现代社会的不断发展，人们的闲暇时间不断增多，这为人们参加休闲体育活动提供了充足的时间，对休闲体育的发展有重要的意义和作用。现阶段，要想进一步促进我国休闲体育文化的发展，就必须要逐步完善我国的社会公共服务体系，在建设社会公共服务体系的过程中要注意以下四个要点：

（1）加大政府对我国体育基础设施建设的投入力度，为国民休闲体育参与提供良好的物质条件。

（2）政府要采取必要的手段和措施加强休闲体育文化的宣传力度，提高人们参与休闲体育活动的意识，实现休闲体育文化价值。

（3）加强社会体育指导员的培养，为人们参加各种各样的休闲体育活动提供必要的理论和实践指导。

（4）加强休闲体育产业制度建设，促进休闲体育产业的科学化发展。

### （三）个人文化传承意识

近年来，我国与国外之间的交流日益频繁，这极大地开阔了国人的眼界，在这样的形势和背景下，休闲体育在我国也得到了广泛的传播与发展，休闲体育的内容也不断完善和丰富。在我国早期的体育文化中，就蕴含着深厚的休闲体育文化的内涵，其中包括大量的休闲体育项目，如导引术、八段锦、太极拳等，这些项目对促进人们的身心健康发展有重要的推动作用。

发展到现阶段，我们要继续挖掘休闲体育文化的多样价值，加强休闲体育文化的宣传和教育，使我国广大人民群众热爱上传统休闲体育文化，这样能更好地促进我国传统休闲体育文化的传承，同时也是促进我国休闲体育文化价值实现的最根本途径。

## 第四节　休闲体育文化的产业化发展探索

### 一、以文化角度促进休闲体育文化的产业化发展

休闲体育文化是休闲体育与文化的结合，从文化角度来剖析休闲体育，促进休闲体育产业的发展有充足的理论依据。以文化角度促进休闲体育文化的产业化发展需要遵循以下基本原则：

### （一）严格遵循"以人为本"的基本原则

在现代经济社会背景下要想促进休闲体育产业的发展，除了遵循市场经济的基本规律外，还要遵循社会效益与经济效益有机结合的原则。对于休闲体育产业和休闲体育文化而言，发展要把握"以人为本"的基本原则。

在休闲体育产业发展的过程中，经济价值观起到了至关重要的作用。休闲体育产业的发展采用的体育经济价值观对休闲体育产业的发展与其文化的终极目的和价值的和谐程度有极为重要的意义。从社会学角度来看，休闲体育产业在发展的过程中如果不采取现代经济价值观念，就意味着休闲体育产业与休闲体育文化

的结合度较低，构不成休闲体育文化。因此，休闲体育文化的产业化发展必须要遵循经济价值规律，而在具体执行的过程中，需要厘清休闲体育产业发展与休闲体育文化发展之间的关系。一般情况下，经济发展间接影响着文化的发展，而文化的发展则在一定程度上推动着经济的发展，休闲体育产业与休闲体育文化之间也是一个这样的关系。

在现代市场经济条件下，休闲体育产业的发展必须要遵循"以人为本"的基本原则。休闲体育作为一种身心合一的文化，参与者达到身心健康的途径主要是遵守制度和物质操作。我国的体育产业是社会主义市场经济体制下运行的体育事业。<sup>①</sup>这一观点得到普遍的认同。在现代经济条件下，休闲体育文化的产业化发展必须要建立在一定的经济基础之上，只有充足的资金做保障，休闲体育文化的产业化才能得到健康、持续的发展。

### （二）对文化价值观的差异进行充分考量

每个人都有一定的个性和差异，表现在文化方面，人与人之间的价值观也是存在一定差别的，这一点在休闲体育文化方面表现得尤为明显。人们在选择休闲体育运动项目时，会根据自己的喜好自由选择，有人喜欢惊险刺激的运动项目，有人喜欢安静休闲的运动项目，有人根据自己的特点进行改造和创造，这些都表现出人们不同的体育文化价值观。因此，要想促进休闲体育产业的更好发展，就需要对人们的不同文化价值观进行充分的考量与研究。

第一，最初一些国家通过引进休闲体育项目而获得了巨大的利益，受此影响，许多国家并没有结合自己的国情而盲目引进休闲体育项目，导致引进的休闲体育项目并没有得到良好的发展。由此可见，休闲体育产业的发展必须要从本国实际出发，做到休闲体育与本国文化的有机结合，否则将难以取得良好的经济效益。

第二，受多元文化价值观的影响，人们休闲体育活动方式呈现出多样化的趋势，人们在选择休闲体育项目方面也有了更为广阔的空间。鉴于此，培养大量的休闲体育专门人才就显得尤为必要。从某种意义上而言，休闲体育本身就是一个巨大的产业市场，除此之外，还能使人们在不同文化价值观下对休闲体育活动方

---

① 罗林. 从产业与文化的互动关系论我国休闲体育产业的发展 [J]. 北京体育大学学报，2006（12）：1645-1647.

式选择的需要得到较好的满足，并以此来对未来休闲体育产业的发展起到间接的促进作用。但是这也是群众休闲体育开展和休闲体育产业发展的重要制约因素。对我国而言，当前我国休闲体育文化产业面临的一个情况是休闲体育专业人才相对匮乏，没有一个良好的培训机制，与现代休闲体育的个性化、多样化发展不相适应。因此，这就要求相关部门采取有针对性的措施和手段加强对休闲体育专业人才的挖掘和培养。

### （三）重视民族传统体育文化休闲产业价值的开发

在现代竞技体育高度发展的背景下，传统体育文化的生存空间受到了一定的压缩。但是，我国的一些民族传统体育文化，如武术、太极拳等得到了一定的保留与发展，这些具有鲜明民族特色和文化底蕴的传统项目是我国的国粹，值得我们采取一定的措施和手段加强对其的维护与发展，并重视相关产业价值的开发与研究，这样才能促使我国民族传统体育文化得到健康的可持续发展。

我国民族传统体育文化既有休闲性的特点，又蕴含了丰富的文化内容。第一，以礼为主，道德先行；第二，养生为主，修身养性；第三，较为重视人与自然的和谐发展。另外，我国民族传统体育文化还具有较为显著的特点，主要表现在两个方面：一方面，规则和技术较为简单（少数项目除外），对参加者的技艺没有较高的要求，并且能够给人们带来愉悦；另一方面，民族传统体育文化的欣赏价值非常高，能充分反映我国各民族劳动人民的智慧。总之，我国民族传统体育文化的产业化发展在一定程度上取决于其极高的休闲参与价值。

除此之外，在新的时代背景下，我国民族传统体育文化的休闲产业化开发具有重要的意义。首先，休闲体育的产业化开发能扩大我国民族传统体育文化市场的规模，促进民族传统体育本身的进一步发展；其次，我国有很多少数民族的经济水平相对较低，如此就严重制约着这些民族传统体育文化的发展。因此，需要进一步开发民族传统体育文化，促使其经济水平得到快速的发展和提高。

近些年来，我国有不少学者和专家开始研究与探索民族传统体育文化与旅游业的有机结合，这对于我国各族人民的共同发展有重要的意义。从旅游学角度而言，我国各民族传统体育文化本身就是一种丰富的人文旅游资源。从文化学的角度考虑，在民族体育旅游资源的产业化开发的实际工作中，要做到两点要求：第一，要找准开发民族体育旅游资源的发展重点，有效挖掘与发展特色鲜明、文化内涵丰富的民族传统体育文化；第二，要处理好保护民族体育文化与民族传统体育产业开发之间的关系。

## 二、体育健身休闲产业的发展与经营

体育健身休闲产业是大众休闲体育的重要内容，近些年来，我国全民健身运动的日益高涨，为我国体育健身休闲产业的发展提供了良好的契机，如何对体育健身休闲产业经营与管理是值得我们深思的一个问题。

### （一）体育健身休闲产业的发展

体育健身休闲产业的发展呈现出了较为显著的特点，同时，也存在着一定的不足，这些都是需要改进的。

1.体育健身休闲产业发展的特点

当前，我国体育健身休闲产业的发展已经初步建立了一个相对完善的体系，发展的特点主要表现在以下几个方面：

（1）人们的体育健身休闲价值观念逐步提升。我国的休闲体育起步较晚。休闲体育产业的运作理念和运作方式还有待于进一步提高。除此之外，关于体育健身休闲产业发展的政策和法规也很不完善，需要政府部门加以解决。但是，我国体育健身休闲产业的发展也有自己的优势。作为一种生活方式和文化现象，体育健身休闲产业的形成和确立需要一定的过程。随着我国改革开放，许多外来的价值观念正逐渐冲击着人们的认知和价值观念，很多价值观念逐渐被人们所接受，在与传统价值观念的融合后，新的价值观念类型得以形成，人们对此也普遍持认可的态度。

作为一种科学的生活理念和价值观念，现代体育健身休闲观念的形成需要借助相应的市场经济活动才能实现。人们在参与体育健身休闲的过程中，产生了愉悦的身心体验，人们可以通过自己的这种体验来评价休闲体育产业的价值。体育健身休闲价值观念的形成是建立在人们自身的理解和认知的基础之上的。为了更好地促进体育健身休闲产业的发展，应将其与我国传统文化相结合，让人们产生共同的心理认同感，这对我国体育健身休闲产业的发展有极为重要的意义。

（2）体育健身休闲市场体系初步形成。在现代经济市场发展背景下，体育市场是一个多元化的市场体系，主要包括体育服务市场和体育用品市场两个部分。

我国的体育健身休闲市场发展时间较晚，而在目前我国商业经济快速发展的推动下，我国的休闲体育产业也得到了快速发展。除此之外，人们的运动消费观念逐渐确立，这对人们健康水平的提高以及生活质量的改善有重要的作用。产业化和设施的完善使国民从事休闲体育的人数大大增加，与那些传统的休闲项目相比，休闲体育这种方式更富有健康、活力、号召力。目前，我国已经初步形成投资主体多元化、多种所有制并存、平等竞争、各级体育服务产品全面、以体育健身市场为主体和核心的体育健身休闲用品市场、健身运动营养品市场等共同发展的市场格局。[①]总体来看，目前我国的体育健身休闲市场体系已初步建立和形成。

（3）体育健身服务呈现出多元化发展趋势。当前，在全民健身运动日益高涨的背景下，各类体育健身中心和体育俱乐部为消费者提供了各种类型的体育健身服务内容，方便了人民群众参与体育健身的需要。

经过多年的发展，目前我国体育健身服务项目众多、种类比较齐全，而且可以向消费者提供多元化服务。从而满足不同层次消费人群的各种健身、休闲和娱乐需求。

（4）连锁化经营和市场集中程度较为理想。从体育健身休闲产业发展而言，连锁经营是一个有效的模式，我国健身市场应该以连锁经营方式扩大市场份额，促进体育健身休闲产业的进一步发展。

在全球化背景下，国外一些知名体育健身企业纷纷入驻我国，这些企业品牌形象良好、资金实力雄厚、健身理念先进、经营水平高、连锁经营经验丰富的健身企业迅速占领国内市场，这对我国体育健身休闲产业的发展形成了较大的冲击，同时也带来了一定的机遇和挑战。

（5）体育健身休闲产业市场规模逐渐扩大。2014年11月20日，《国务院关于加快发展体育产业促进体育消费的若干意见》（以下简称《意见》）颁布，将全

---

① 杨铁黎，苏义民.休闲体育产业概论 [M].北京：高等教育出版社，2011：43-48.

民健身上升为国家战略。①2015年11月距《意见》发布一周年，我国体育产业出现积极变化，30个省级政府出台了实施办法，计划2025年体育产业总规模之和已接近7万亿元。②

当前，我国参与体育健身休闲体育的人口越来越多，上海、北京、广州等发达城市居民人均体育健身消费已经超过家庭支出的10%。由此可见，我国体育健身休闲产业的市场规模呈现出不断扩大的发展趋势。但我们也应该看到，我国地域辽阔，各区域间的发展很不平衡，这需要采取一定的手段和措施弥补各地区间的差异。

2.体育健身休闲产业发展中的不足

目前，我国体育健身休闲产业虽然得到了一定程度的发展，但体育健身休闲产业的发展并不完善，在未来的发展过程中，随着经济社会的不断发展，产业化水平将会进一步完善和提高。具体而言，当前我国体育健身休闲产业还存在以下不足：

（1）没有建立起科学的健身休闲观念。当前，尽管人们参与休闲体育健身的热度很高，但还没有形成一个稳定的休闲体育观念。因此，人们在选择休闲体育健身项目时，往往面临着一定的困难。体育健身休闲正面临着众多休闲方式的挑战，如电子游戏、看电视、打麻将等，这些都具有很强的娱乐性和休闲性，这在一定程度上制约和影响着体育健身休闲产业的发展。

（2）居民体育健身消费能力有待于进一步提高。目前，我国仍处于经济发展水平较低的阶段，居民收入不多，居民体育健身消费能力不强，尤其表现在农村人口方面。目前我国具有现代意义的体育健身休闲主要集中于城市中，并且影响范围较为狭窄，实质意义上的规模经济还没有形成。由此可见，我国体育健身休闲产业对经济的功能能力还需要进一步培养和提升。

（3）体育健身产业发展的平衡性欠佳。当前，我国体育健身休闲产业发展的平衡性欠佳主要表现在以下几个方面：

第一，区域上的平衡性欠佳。休闲体育的发展与经济发展水平之间的联系

---

① 钟秉枢.全民健身国家战略的提出与体育休闲健身产业的发展 [J].体育科学，2015.11（35）：19.

② 2025年体育产业达7万亿——刘鹏对产业发展提新要求 [N].新华社.2015–10—12.

非常紧密，由于我国地域辽阔，各区域之间的发展非常不平衡。因此，在经济欠发达地区的休闲体育发展必然会受到一定程度的限制和制约。当前，我国东西部地区经济发展的不平衡性，以及城乡经济发展的不平衡性是一个主要现状。受经济发展水平的制约，各地区体育健身休闲产业的发展规模和水平差距较大，东部地区各省份在体育健身休闲产业的发展速度和规模上远远高于内陆尤其是西部省份。为了改变这种状况，应积极推进各地区之间的共同发展，从而为各地区体育健身休闲产业的发展奠定必要的经济基础。

第二，布局上的平衡性欠佳。在当前我国具体的国情下，体育健身设施和服务运作单位往往集中在城市市区。这充分表明我国体育健身休闲产业的配套设施建设不足，在布局上欠缺平衡性。

第三，项目开发上的平衡性欠佳。在体育健身休闲产业项目的开发方面，我国还存在着平衡性欠佳的局面，这主要表现在以下两个方面：一方面，体育健身中的热点项目缺乏市场导向，资源浪费比较明显，如台球运动的快速发展，台球厅遍地开花，从而造成了一定的资源浪费；再如，高尔夫球场增多，而参与高尔夫球运动的人并没有相应地增加，这也造成了一定的浪费。另一方面，在开展比较普遍的有氧健身操、各种舞蹈、乒乓球、羽毛球、网球、台球、瑜伽等项目中，服务同构化比较严重，产品差异度不高，缺乏运作特色。此外，随着我国群众体育健身需求的持续增加，世界健身巨头也纷纷进入中国市场。我国体育健身休闲产业面临市场考验。

第四，产业的规范性较差。发展到现在，我国政府部门已经相继出台了一系列体育产业发展和管理方面的条例，这对促进我国体育产业的发展有重要的意义和作用。当前，我国体育健身休闲产业还存在着大量的不规范现象。如今，很多服务性行业快速发展，而相应的政策法规的出台速度相对较慢，从而造成了相关行业发展的不规范性。体育健身休闲产业作为一项服务性经济产业，有很大的人性化特点，是物质和精神的综合体现。这就是说，以休闲服务为核心的经济类型，必须是经济效益、社会效益、环境效益、文化效益并举，只有兼顾各方面的效益才能使得休闲体育产业获得长远的发展。

目前，体育休闲产业，由于发展速度较快，人们普遍追求商业利益，对追求其他方面的效益有所缺失，从而严重影响到体育健身休闲产业的健康发展。

### （二）体育健身休闲产业的经营

体育健身休闲产业的经营与发展需要结合我国的具体国情与体育发展的实际，采取一定的针对性策略。总体而言，要采取以下策略来促进我国体育健身休闲产业的发展：

1.主观标准客观化

当前，我国体育健身休闲产业获得了一定程度的发展，在对服务产品的质量评价方面，通常情况下都是服务人员的主观描述和消费者的主观感受，缺乏一个客观评价的标准。这是非常不科学的，对体育健身休闲产业的经营与发展是非常不利的。

一般来说，体育健身服务主要包括两个阶段，即健身过程服务和健身前后服务，为了规范体育健身休闲市场的发展，应针对这两个阶段建立一个相对客观的评价标准体系。

首先，采取一定的手段和措施使服务过程和服务行为规范化和标准化。体育健身服务企业应该对健身服务的每一个环节，做出明确的规范化的规定，让所有服务人员必须遵从这些规定，否则就要受到处罚。

其次，重视服务质量、效果的评价客观化健身效果的评价，应尽量采用科学仪器来测试，用测试数据来评价效果，这样的评价结果才能使消费者信服。

2.服务功效优先化

相关经济学研究表明，追求功效动机是消费者购买动机的首要影响因素，影响消费者是否购买某种产品（或服务）主要因素是产品的功效，认同产品功效来决定是否购买的消费者占绝大多数。

3.无形产品有形化

体育健身服务属于一个无形产品，无形产品最大的特点就是无法给予消费者一个清晰明确的印象，消费者无法感知服务水平和健身效果，对体育健身服务产品缺乏信心。针对无形产品的这种弱点和消费者的心理状况，体育健身运作企业应采取无形产品有形化的营销策略。

无形产品有形化，具体是指体育健身运作企业应该向消费者提供体育服务产品的有形线索，指导和帮助消费者了解产品优势。具体而言，这种"有形线索"

主要表现在以下两个方面：

（1）提供服务内容和质量等服务信息，使消费者通过观察有形物，获得直观的信息。如健身场所的装饰装修、功能分区、卫生状况、器材设施以及相关的配套休闲、娱乐、餐饮情况等都属于"有形线索"。

（2）把健身服务过程、环节、标准、质量、效果等通过直观的表现形式呈现给消费者，如文字、图表、照片、视频等。这些都能促使消费者建立消费的信心，吸引广大的消费者前来参与消费。

4.同类服务差异化

在体育健身休闲产业中，作为同类企业——体育健身休闲企业，提供的都是同类服务——体育健身休闲服务，应该根据消费者的需求差异和企业的市场定位，存同求异，重视服务的多元化、个性化、特色化、多功能化，以吸引消费者进行差异性优势消费。

需要注意的是，在提供产品和服务过程中，质量不是差异化的标志，任何产品都要强调质量，质量差异不能代表特色。

5.重视情感人性化

重视情感人性化策略，是指要满足消费者的情感性需求，推行人性化服务，重视消费者的个人情感差异和需求。这一策略在吸引广大体育健身消费者时显得异常重要，作为体育健身服务行业人员一定要认真学习和研究这一策略。

当前，随着社会文明程度的提高和人们生活方式的进步，消费者的情感消费需求在不断增加。因此，在体育健身休闲产品和服务的营销过程中，要重视通过情感包装、情感促销、情感广告、情感口碑等，满足消费者的情感消费需求，以促进企业的可持续化运作。

## 三、特色休闲体育产业的经营与发展

我国有着丰富的体育资源，也有着众多特色鲜明的休闲体育产业，只是拥有丰富的产业资源是远远不够的，还需要对各类资源进行合理管理与利用，这样才能促进我国休闲体育产业的健康、科学发展。

### （一）冰雪体育休闲产业优化管理营销策略

#### 1.满意顾客策略

在市场经济条件下，企业的利益与顾客的利益在本质上应当是一致的。在冰雪体育休闲产业发展的过程中，我们要将顾客放在首要位置，重视顾客在运动过程中的良好体验，加强滑雪场、滑冰场的基础设施建设，以满足广大顾客的需要。把追求顾客满意作为营销目标，只有使顾客满意才能给企业带来好处，要想使结果双方都满意，企业必须把顾客满意度控制在企业全部资源的范围内，生产顾客满意的产品并提供顾客满意的服务。[①]

#### 2.巩固营销策略

巩固营销策略是要在消费者心目中加强和提高体育休闲经营单位在市场中的定位。

随着我国 2022 年冬奥会的成功举办，我国冰雪产业发展迅速，许多企业纷纷涌入冰雪产业市场，如果企业成不了第一名，成为第二、第三名也是一种有效定位。要使消费者认可企业的实力。

#### 3.重新定位策略

当前，以冰雪运动为主的休闲体育产业是我国新兴的一个产业，大量市场主体的涌入，企业入市仓促，可能导致消费者对该企业的市场定位不明确；当市场营销环境发生重大变化后，或市场需求发生了显著变化等，企业应及时调整原来的市场定位。

#### 4.市场细分策略

市场细分就是以消费需求的某些特征或变量为依据，区分有不同需求的顾客群体，每一个消费群体就是一个子市场或称为细分市场。

在冰雪体育休闲产业中，企业的市场细分就是根据构成总的冰雪体育市场消费者需求差异、购买行为和购买习惯等，将冰雪体育市场分为若干相类似的消费群体。具体如表 5-4-1 所示。

---

① 杨铁黎.休闲体育产业概论 [M].北京：高等教育出版社.2011：147-163.

表 5-4-1　冰雪体育休闲产业市场细分类型与特点

| 市场细分类型 | 细分市场特点 |
| --- | --- |
| 冰雪体育健身娱乐市场 | 以冰雪体育娱乐项目为商品，以实物和非实物方式向消费者提供健身娱乐方面的服务，满足消费者强身健体、娱乐休闲的冰雪体育需要，如滑雪健身、滑冰健身。 |
| 冰雪体育旅游市场 | 满足人们参与冰雪旅游活动，包括观赏性和体验性两类市场产品与服务，如观赏冰雪体育赛事、观冰灯、体验雪域民俗风情。 |
| 冰雪体育竞赛表演市场 | 以冰雪体育竞赛和与竞赛活动有关的内容为交易对象的市场，市场购买者是观众，也可称为冰雪竞赛表演观众市场。 |
| 冰雪体育培训市场 | 以冰雪体育培训服务为交易对象的体育市场。 |

5.市场营销策略

（1）广告促销。在休闲体育产业市场发展中，广告促销是一个有效的策略。对休闲体育企业来说，不仅要开发和生产有需要的产品，还要学会利用广告，推销各种休闲体育产品。

广告促销在冰雪体育休闲产业中应用较为广泛。广告的形式多种多样，有电视广告、电台广告、杂志报纸的平面广告、网络广告、户外广告、体育现场广告和体育器材广告等。

当前，我国民众参与冰雪运动的热情高涨，冰雪休闲体育产业经营单位可以借助我国 2022 年举办冬奥会的赛事效应，大力发展冰雪运动，刺激潜在消费者进行消费。

（2）产品策略。产品策略是将营销重点放在产品上，通过提高产品的技术、美化产品设计、丰富产品文化等刺激消费者购买产品。

在冰雪体育休闲市场中，产品是"商品与服务"的共同体，如冰雪体育运动竞赛、冰雪体育实物产品。科学的产品策略建立在准确进行体育市场定位的基础上。针对不同冰雪体育休闲市场，明确服务内容并制定相应的产品策略。

（3）价格策略。价格策略是根据产品或服务的价格制定进行市场营销的一种营销策略。

在冰雪体育休闲市场营销中，门票及各种服务的价格不同：有观赏冰雪体育比赛的门票价格；有购买冰雪体育服装、用品、器械的商品价格；有出售冠名权、各种运动队商标、电视转播经营使用权的价格等。冰雪体育休闲经营企业可以结合具体的体育市场定位、市场竞争、市场需求等实际情况合理定价。

### （二）滨海体育休闲产业优化管理营销策略

#### 1.建立风险预警机制、健全法制和管理制度

相比其他体育休闲产业，滨海体育休闲产业存在一定的危险性，因此作为滨海体育休闲产业的开发与管理者一定要充分考虑应对各类危险的必要性，建立一个完善的安全救生防御体系，以应对和处理各种突发性事件。

为保护各类体育资源，目前我国已初步建立和形成了一套相对完整的有关环境保护的法律法规。但是，和一般意义上的环境保护相比，滨海休闲环境保护涉及的面更广。因此，负责滨海体育休闲产业发展的有关部门应尽快制定相关法律法规，完善滨海体育休闲产业发展过程中对滨海休闲环境的保护和治理，对滨海城市污水的排放要严格把关，对未经许可乱挖滥建的项目要依法严惩，以促进滨海体育休闲活动的顺利开展。

#### 2.建立开发监控机制，重视资源的持续发展

目前，我国沿海各地滨海体育休闲资源归属不同部门，旅游、海洋与渔业、体育、城建及环保各部门各管一块，管理权限不统一，管理目标各异，严重影响滨海体育休闲资源的可持续利用和企业经营的自主性。

要促进我国滨海体育休闲资源的可持续发展和滨海体育休闲产业的健康发展，必须制定严格的滨海休闲、旅游景区经营及监督管理体制，具体应从以下三个方面入手：

（1）设立合理的经营权转让程序。

（2）公开招标选择滨海休闲、旅游景区经营单位，以经营管理能力和专业知识为基本参照设定一定的入门标准。

（3）建立健全管理制度和监督约束机制，重点抓好滨海休闲、旅游景区开发规划管理，重视滨海体育休闲开发项目建设的科学评价，严把项目审批关。

3.依托体育赛事，推动海上中远程游船、游艇等运动休闲产品开发

在滨海体育休闲产业中，海上中远程游船、游艇、帆船等休闲产品是滨海旅游中除观光和度假外经济收益高、带动效果明显的休闲、旅游产品。上述这些产品既丰富了滨海休闲产品类型和文化内涵，也有效地延长了滨海休闲、旅游季节，有利于我国滨海观光旅游的全年性均衡发展。

我国有开展滨海休闲运动的良好自然海域条件和社会环境，沿海各地，如海南、深圳近年来举行了一些大型滨海体育赛事、滨海休闲旅游活动，极大地推动了我国滨海体育休闲业的发展。

随着我国社会经济的不断发展，我国滨海体育休闲产业有着巨大的发展潜力。目前，我国沿海大中城市的游艇、帆船海上观光、帆板、冲浪等运动深受极限运动爱好者的欢迎。

大型滨海体育赛事的举办，不仅有助于提升我国滨海休闲体育的品牌价值、增加地区和企业经济收入，还能有效推动滨海休闲体育运动项目的发展。以大型国际性的滨海体育休闲赛事为契机，开发多种海上游船休闲新产品，如乘船游览海上风光、海上运动休闲、登岸游览、海鲜品尝、渔村风情体验等一系列海上活动，有利于丰富我国滨海体育休闲产品体系，促进我国滨海体育休闲产品与服务的多样化发展。

4.加快培养滨海体育休闲专业人才，提高旅游服务质量，满足市场需求

人才是滨海休闲体育产业发展的重要因素，滨海体育休闲产业的健康发展离不开相关专业、优质人才的参与。

滨海体育休闲与其他类型的休闲活动有很大的差异，滨海体育休闲产业是我国近年来的新兴产业，专业人才稀缺是一个制约滨海体育休闲产业发展的重要因素和客观事实。因此，必须围绕滨海体育休闲产业发展需求，重视人才培育，以满足滨海体育休闲消费者多样化的休闲需求。

**（三）户外体育休闲产业优化管理营销策略**

1.开发潜在客户

与其他体育用品相比，户外运动用品的耐用性和抗老化性强，但重复购买率较低。因此，销售户外用品，需要经营与管理人员采取必要的手段和措施吸引大

量的潜在客户。

目前,我国有相当多的消费者并不了解户外运动,户外运动的参与度较低。现阶段,很多人认为户外运动是体育专业探险人员从事的专业体育运动的误区。所以多进行户外运动宣传报道、展示、体验等多种活动,让人们真正了解户外运动。

作为一项新兴的体育运动,户外运动走进我国大众体育视野的时间并不长,很多人不了解或很少参与户外运动。对此,户外体育休闲经营单位应重视加强户外运动知识宣传、广告推广,开发潜在用户,吸引更多的热爱户外运动的人参与其中。

2.以项目特点确定目标市场

从年龄结构来看,户外运动的参与人群年龄段集中在 21~50 岁,其他年龄阶段的人则较少参与户外运动。

发展到现在,户外运动的内容越来越丰富和多样化,能满足不同健身爱好者的体育需求。可以说,不同的项目需要不同的户外运动装备和技术,对此,经营不同户外运动产品的企业应以项目特点确定自己的目标市场。

一般来说,攀岩、溯溪、探洞、野营、滑雪等户外运动项目难度大、危险系数高、刺激程度高,参与者年龄主要集中在 21~40 岁,该年龄阶段的人群有良好的身体素质和心理素质,富有冒险精神,并且有一定的经济能力,因此是户外体育休闲运动产品和服务经营企业的主要消费人群。

登山、漂流、垂钓、自驾游等户外运动项目难度、危险程度、刺激程度都较为一般,参与人群年龄主要集中在 41~50 岁,他们喜欢结伴参与,愿意冒险但不想参与危险系数较高的运动,是户外体育休闲运动产品和服务经营企业的第二消费人群。

3.以俱乐部活动促进产品销售

户外运动俱乐部是为户外运动爱好者提供组织活动、竞赛、培训、讲座等多种形式的服务组织。相比网上个人发帖召集出行,俱乐部可以给人信任感和安全感,领队素质和线路安排比较成熟。因此,有很多户外活动都是通过俱乐部组织的。

但对户外运动来说,由于个体的身体素质、知识水平、技能水平等有较大差异，一旦发生危险后果不堪设想。单纯依靠为户外运动爱好者提供产品服务盈利效果不明显，还要承担巨大的风险。

  总之，作为户外运动俱乐部的经营与管理者可以考虑开发俱乐部的其他功能，如进行户外体育运动用品销售，以期取得理想的经济效益。

# 第六章 面向体育强国的弘扬与发展 民族传统体育文化

我国民族传统体育文化是当前世界多元体育文化体系中非常重要的一部分。我国民族传统体育文化的弘扬与发展对我国和谐社会建设、国家软实力提高、民族伟大复兴都是有意之举。同时，我国民族传统体育文化还是世界人类优秀体育文化遗产的重要内容。在体育强国背景下，弘扬与发展我国民族传统体育文化，无论对我国还是世界，都有重要的文化意义。本章主要论述体育强国背景下民族传统体育文化弘扬与发展，内容包括民族传统体育文化理论体系阐述、民族传统体育文化的发展态势和民族传统体育文化体系构建的策略。

## 第一节 民族传统体育文化的内涵

### 一、民族传统体育文化的界定

#### （一）民族传统体育文化的文化范畴

民族传统体育文化，是一种体育文化形态，其文化范畴应该在体育文化范畴和民族传统文化范畴之下。

从体育文化的角度来看，民族传统体育内容多，涉及面广，目前学术界对其研究虽然较多但是没有一种界定的概念能够囊括所有民族传统体育的内容。在一些民族传统体育的相关学术著作中，一些学者关于民族传统体育的概念界定有一定的普遍共性，概括地讲，民族传统体育，是某一个或几个特定的民族在一定的范围内开展的、保留旧时代特征的、具有影响力的体育活动。

从民族文化的角度来看，民族传统体育文化属于民族性的，是中华民族在长期的生产生活中创造出来的一种具有体育性质的文化。民族传统体育文化萌生于中国华夏文明之中，受中国传统民族文化的影响较深，与中华民族传统文化有着密切的学缘关系，是中国传统文化和民族文化的重要组成部分，是中国民族传统文化的一种重要的文化形态。

综上所述，民族传统体育文化是一种民族性的体育文化形态，民族传统体育是一种在中华民族传统文化影响下的、在不同地域产生开展并获得传承的、具有浓厚民族特色的体育文化，是在华夏民族各族人民群众的生产生活实践中逐渐衍生出来的，是人类社会一项特殊的文化活动方式，它与民族特点和习惯相融合后形成了颇具民族特色的文化、心理、哲学思想、价值观念、宗教信仰和伦理道德，属于一种民族精神生活领域的文化。

### （二）民族传统体育文化的存在方式

文化形态的存在方式是多样化的，各种文化现象生成的方式有很多种，如直线型、螺旋上升型，与其他文化形式不同的是，民族传统体育文化是以各种文化"点"的形式存在的。

就民族传统体育来说，在自身的生存、发展过程中，不同民族和地域中的民族传统体育文化都是以一个一个的"点"的形式出现，而后众多的"点"再聚集成文化主线，这些"点"的分散并不是无限制的，它们围绕在民族传统体育文化这一条主线的周围，民族传统体育的文化主线在历史发展过程中形成一条文化发展轨迹，成为民族传统体育文化的产生、发展脉络，也表现出民族传统体育的主要存在方式。民族传统体育文化围绕着文化的发展主线在其附近不断地演化和发展。

需要特别指出的是，民族传统体育的产生是一个长期孕育演变的过程，发展更是一个长期积累、选择、变异、冲突、交融、定型的过程。在这一过程中，民族传统体育文化生成的"点"是分散存在的，彼此独立存在又有着一定的联系。

## 二、民族传统体育文化的构成

任何文化的发展都需要一个长期的发展过程，我国民族传统体育文化的发展也不例外，早期的民族文化尚未形成，而是处于一个文化的积累时期。民族传统体育文化随着各民族群众生产劳动与生活方式和文化积累与传播方式的改变，逐渐显现出了更多的民族文化的教育、娱乐、健身等多元价值，并逐渐发展成为一个完整的体育文化体系。

在与其他文化形式和内容的不断交流、融合过程中，民族传统体育文化更具民族特色，而各民族的体育文化沟通构成了整个中华民族的体育文化。相对西方现代体育，表现出了更加健康的民族心理与自强不息的民族精神。

### （一）民族传统体育文化的物质文化是其发展的基础

任何一种文化都是由一定的文化结构构成的，在民族传统体育文化产生发展过程中，民族生存与竞争，社会劳动生产过程中的体育思想物化是民族传统体育产生，发展的物质基础，物质文化总是先于精神文化存在的，民族传统体育的产生发展同样如此，这是民族传统体育文化与其他一些体育项目起源基础上的相同的地方。人类逐渐形成的文明与动物的最大区别就在于它可以进行有组织的生产劳动，并且学会了使用工具甚至制造工具。这一切都是社会形成的根本，同时也是民族文化创造的根本。起初人类进行的文化创造较为简单，可能还不具有连贯性和稳定性，不过可以认定的是最初的文化创造都是从最基础地对客观事物的改造开始的。在民族传统体育的产生过程中，早期人类简单的生存方式、劳动技能等，都是产生的重要文化基础。

### （二）民族传统体育文化的社会意识构成其文化制度层面

在文化体系结构中，制度层面是文化的一个重要层面，民族的传统体育文化的产生及发展都是在人类社会中进行的。民族传统体育是人类社会发展过程中产生的一类比较奇特的文化活动，通过它的举行可以体现出非常理想的民族社会集体意识，即个体服从集体的意识。当然，这并不是说所有的民族传统体育项目都是集体项目，这里强调的问题是，即便是以个人为单位参加的体育项目，也要受制于社会和集体的约束。因此，从这个层面上来讲，民族传统体育文化的社会意识促进了民族特性的产生，这也是我国民族传统体育文化区别于其他文化形态的重要表现。

### （三）民族传统体育文化的精神内涵包括民族意识、民族心理与价值观念

文化的基本功能是从深层次制约和支配个体的行为和社会活动方式，民族传统体育文化是一种超越性的文化，文化内涵存在于更深层次的精神层面。民族传统体育中包含着几乎所有民族元素，如民族意识、价值观念、宗教信仰、伦理道德、审美情感等，这些是民族传统体育文化的重要精神内涵。

在民族传统体育文化的产生与发展过程中，民族传统体育的精神文化以民族传统体育活动作为客观实体加以实际的展现，以此来实现对中华儿女的精神世界的改造。

精神性是民族传统体育文化的核心部分。民族传统体育文化的精神性包括诸多内容，如民族意识、文化心理、哲学思想、伦理道德规范、审美心理与文化财富、宗教信仰等，这些精神文化对民族传统体育文化的生成产生了极为深刻的影响。

在民族传统体育的精神文明层面，一种民族心理素质是区别于其他民族的一种最显著的心理特征，同时，民族心理素质也是本民族人对自己民族认同感的源泉。人的共同心理素质是同一民族的人，这就使得本民族内的每一个人都有一种普遍的对同种文化和习俗的认同感和参与感，这是民族传统体育生存的根本。

## 三、民族传统体育文化的特点

### （一）民族性

民族传统体育文化的产生，具有民族性特点。民族性是民族传统体育文化区别于其他体育文化的根本性质与特点，是文化具有民族性的独立文化体系建立的基础。

从民族性是民族传统体育文化的名称上来看，"民族"是一个重要的限定词，民族性是民族传统体育文化的民族性，主要是指在特定的民族文化类型中，作为基本内核而存在的民族文化，是对特定文化类型最高层次的概括。我国地域辽阔，民族众多，某一地区的一个民族或几个民族所处的区域环境以及由区域环境所带

来的自然条件不同，使各个民族都在自己文化背景的基础上形成了有别于其他民族的传统体育活动方式。

在人类文明的发展历程中，几乎每个民族都有与其他民族不相同的风俗习惯、生活方式和民族情调，世界上几乎不存在两个上述内容完全相同的民族。在我国，各族人民以其聪明才智发明创造了具有民族性的民族传统体育文化。我国的民族传统体育的形式都与本民族的文化特色有莫大关系，如我国的北部和西部的游牧民族以牛、马、羊等畜牧业为生，因而他们对这些牲畜的习性和能力有着很深的了解。这也使得在他们的生活中，包括他们开展的传统运动项目，都不会缺少这些动物的参与，如赛马正是马文化的反映。我国云南省境内的瑶族盛行"抛花包"活动，这种活动背后的文化内涵来源于男女的爱情故事。抛花包时，男女各站一方，距离约为一丈，每人手握两个花包，用手接来抛去。除此之外，比较被人熟知的还有侗族的"鲍颈龙"以及水族的"端节"等。上述这些不同的民族传统体育活动都不同程度生动地反映了不同民族的生产、生活、风俗、习惯等特点。

民族性是民族传统体育文化经过几千年的演变、发展而固定下来的文化特性，目前，已经成为各族人民生理、心理、身体形态及思想观念的特殊标志，民族性是民族传统体育文化根植在各民族的民族意识、民族心理之中，并世代传承下去的民族文化性格。

### （二）民俗性

民族传统体育文化的民俗性特点是在传统体育与民族风俗习惯紧密结合，互相渗透的过程中形成的。民族传统体育文化的交流不仅在于形式，更重要的是思想、文化、感受、体验，以及在此基础上形成的文化认知与认同。

民族传统体育文化的民俗性与民族传统体育文化发展之间有非常密切的关系。

一方面，传统体育丰富了民族传统体育文化的民俗内容。节日、庆典等民族风俗为民族传统体育文化活动提供了良好的场所，民族传统体育文化的各种民俗活动为民族的节日增添了内容和色彩，使之相得益彰，交相生辉。

另一方面，在民族传统体育文化的发展过程中，风俗性促进了民族传统体育文化的深化和发展，如有的节日、歌会、墟场、庆典活动包容了传统体育。有的传统体育融进传统节日、婚俗、祭奠活动中。有的传统体育项目贯穿于各种民俗中。民族民俗是民族传统体育文化产生、发展的重要基础。

### （三）历史性

民族传统体育文化的形成具有历史性，民族传统体育文化是在特定的历史条件下产生并发展的，民族传统体育文化是一种历史凝结。民族传统体育文化有着较为悠久的历史，悠久的历史性包括民族传统体育文化的起源，传承与发展过程，至今仍完整保留着民族传统文化的特征与性质。

任何一种文化的产生与发展都是要经历一个较长的历史时期，都要受到客观历史条件的制约，民族传统体育文化的产生与发展也不例外。

首先，民族传统体育文化的历史性特征，决定了民族传统体育文化的发展在特定的历史时期表现出一定的时代特征。民族传统体育文化的存在和发展必然是符合时代发展的趋势的，它是代表时代精神的一种"契合"型文化。对民族传统体育文化的解读，要将其还原到历史的背景之中去。只有这样，才能更好地、更加透彻地理解民族传统体育文化存在和生存的社会环境，有助于促进民族传统体育在现代的可持续发展。

其次，民族传统体育文化的历史性特征，决定了在历史变迁中，传统体育及其文化会出现兴衰存亡的不同状态，有些甚至消失，而有些直到今天依然被人们传承，如武术、摔跤、秋千、风筝、龙舟、射弩、龙狮、赛马等。这些项目在今天仍旧没有停止发展的步伐，并愈发完善，成为我国人民喜爱的民族传统体育项目。

### （四）地域性

民族传统体育文化的地域性与各民族的生产生活的地理环境有密切的联系。不同民族所居住地区不同，以不同的生活生产方式发展自身经济、文化，这就使得在不同地理环境中生存的不同民族的民族传统体育文化与民族所居住地区的环境所契合，表现出区域性特点。

地理环境对民族传统体育项目的诞生有重要的影响作用，所谓"北人善骑，南人善舟"正充分说明了这一点。如"草原骄子"的蒙古族，过着"随草迁移"的游牧生活，精骑善射，"随草迁移"形成了以骑射为特点的赛马、赛骆驼等传统体育项目。南方气候温和，江河较多，赛龙舟活动流传广泛。

在早期人类社会，由于交通与通信的不便利，民族传统体育文化在各自民族生产生活区域发展，这也使各民族的民族传统体育文化表现出明显的地域性特点。不同的地域人文环境、心理和性格差异，使我国各民族体育文化有异质性差异，进而形成了不同的民族体育文化的差异，如风俗习惯、民族心理等。如北方人崇尚勇武、豪放，因此，力量型的项目较为突出，如摔跤、奔跑、搏斗、举重等。南方人的性格趋于平和而细腻，富于思考，擅长心智活动类和技巧型项目，如游泳、弈棋等。

### （五）适应性

在民族传统体育文化的形成与演变过程中，民族传统体育文化表现出了强大的生命力，这使得民族传统体育得以不断适应人类社会发展，这种顽强的生命力的形成，正是得益于民族传统体育的良好的适应性。

民族传统体育文化历史悠久，历经几千年的发展，早已与华夏民族在心理和生理两方面实现了完美融合，具有能够满足不同层次人群体育运动需要的广泛适应性。

民族传统体育文化的良好的适应性，使得民族传统体育文化的开展更加普及，几乎使得民族中的每名成员都能有机会参与其中。因此，民族传统体育文化发展到现在，仍然在人民群众的生产生活中有重要的影响。以民族传统体育文化的各种体育项目为例，其中的龙舟、赛马、摔跤、叼羊、射箭等，这些对抗性激烈的民族传统体育项目，通常是男性展现自身实力的平台，而一些更多依赖技巧和平衡的项目，如秋千、跳板、跳绳、舞蹈等则女性更为青睐。

目前，我国许多民族传统体育运动项目仍是大众体育健身的重要内容。现阶段，在各种民族传统体育运动项目中，参与较多的体育人口主要以青壮年为主，在我国各少数民族中，族群里的老人在年轻时几乎都经历过这些运动的挑战，他们也会对青年参与运动提出有益的指导，或是作为权威裁判参与到比赛之中。

### （六）交融性

各民族的许多传统的体育项目都是在人们进行体育活动时，相互交融、共同学习，最终达成统一。一些学者将这种现象称为"文化臻合"，它体现了民族传统体育发展规律中的共融性特征。

我国有丰富的民族传统体育文化。但是，我国民族传统体育文化不是简单的各族人民的各种形式的简单组合，从文化层面上来讲，我国民族传统体育文化的外在形式是不同民族开展的体育文化活动和运动，这些民族传统体育活动背后蕴含的民族文化非常丰富，是一种多元文化交融所构成的复合体。民族传统体育文化的交融性表现在多个方面。

首先，不同民族传统体育运动项目之间，相互交流与借鉴，不断自我完善。

其次，民族传统体育文化与其他文化、艺术形式与内容相结合，促进自我文化内涵的丰富。文化与艺术的相互融合是民族体育的交融性的体现。我国许多民族传统体育项目都曾借鉴了其他民族技艺、艺术形式与内容。如武术与百戏中的杂技、武舞。在我国少数民族体育中，我国少数民族人民大多能歌善舞、能骑善射，产生了技击性和艺术性相统一的传统体育项目，既强身健体又愉悦身心，达到健、力、美和谐统一，如黎族的"跳竹竿"，不仅要求参与者具有良好的身体素质，还要具备较高的音乐素养和舞蹈技巧。

再次，民族传统体育文化在与其他民族的体育文化交流过程中，被其他民族所接受，成为共同的民族传统体育文化。民族传统体育项目都是在某一地区、某一民族被创造和发展起来的，之后随着各民族文化的交流，被其他有相同自然条件的民族所接受和改造，从而得到丰富，走向成熟。如马球、秋千、骑术、武术、气功、围棋等项目都是各民族人民共同创造的结果。

最后，不同民族传统体育文化相结合，产生新的民族传统体育运动项目与文化。随着民族传统体育进一步融合与交流，一些体育项目在此过程中，不断被创造和发展。如射箭与马术相结合，出现骑射；球技与马术相结合，发展出马球等。

### （七）集体性

民族传统体育文化活动内容丰富，形式多样，并多以集体的形式开展，表现出集体性。

就民族传统体育文化的早期产生来说，早期社会，生产力有限，人民群居而生，这就使得人民的生产生活有集体性的特点，特别是在一些民族地区、部落或山寨，人作为个体的能量是非常渺小的，而只有当人融入一个行为、意识都较为相近的集体中后，才能将自己的力量汇集到集体力量当中，完成生存所必需的各种活动。在此基础上产生的民族传统体育文化也必然体现出集体性。

在民族传统体育产生的时代，人民群居生活，各民族均是如此，因此，包括传统体育在内的民族文化中都非常强调民族的集体性意识。由于民族的集体性意识的建立与强化，使得作为民族文化的传统体育也同样具有集体性质。

民族聚集性以及共同的民族心理，使得有相同体育习俗的人汇聚到一起，如此便形成了一种对传统体育的认同，基于这个认同再延伸到其他文化领域，也就更加能够突出这种集体整合性本质。从民族传统体育文化活动中知道有许多民族传统体育项目的开展都是集体性的。例如，彝族的集体舞蹈"竹竿舞"、苗族节庆活动的"铜鼓舞"等。

### （八）多样性

民族传统体育的多样性体现在内容丰富、形式多样方面，它是由各个民族共同创造的。具体分析如下：

首先，民族传统体育文化活动项目众多。根据《中华民族传统体育志》统计，我国民族传统体育共计977项，其中少数民族的传统体育为676项。每一个民族都有本民族的传统体育项目。其分布之广，项目之多，也是世界上绝无仅有的。

其次，民族传统体育文化活动内容丰富。民族传统体育文化的诞生与各民族的生产生活有着非常密切的关系，不同民族的各种发展需要催生了丰富多彩的民族传统体育文化形态。如哈萨克等民族的姑娘追、羌族的推杆、朝鲜族的跳板等，这些项目与种族的繁衍有关。如赫哲族的叉草球、草原的赛马和骑射以及江南水乡的竞渡等，这些活动与生产和生活习俗有关。有的项目则直接由军事技能转化而来，如武术等。正是由于这些项目贴近各民族的生产、生活、娱乐、生理等方面的不同需要，从而构成了丰富多彩的民族传统体育文化内容。

最后，民族传统体育文化活动形式多样。我国是一个多民族、地域辽阔、经纬度跨度大的国家，生活着不同地区的各个民族。不同的民族具有不同的文化类型和特点。每一个民族的人民都生活在一定的宗教、信仰、利益、习俗、制度、规范、文化心理等文化氛围中，与其他民族相区别，各个民族独特的生产和生活习俗，使得民族传统体育项目的起源和组织活动形式各不相同，呈现出多样性。

### （九）继承性

就文化发展的基本规律来讲，任何一种文化的发展都有积累性和变革性，后人对前人文化或知识的发展都首先要立足于掌握前人所总结出的内容，然后再根据理解和研究对先前的文化进行完善或改造，这就是一种文化的积累。

民族传统体育文化是我国优秀的民族传统文化，从传统的角度来讲，文化发展要适应人类社会的发展，文化是作为一种观念形态存在的，因此，对于文化的看法，在不同时代的人对其的看法就有些许不同，甚至有很大的不同，那么这就决定了文化会在一定程度上由人的主观意识带来的被改变，最终使其处于一种不断产生又不断淘汰的过程中。因此，并不是所有的在历史上出现过的文化都可称为传统文化，只有那些有重要价值、具有生命活力并得以积淀、保存和延续下来的文化才称为传统文化。民族传统体育文化是我国的一种优秀的传统文化，是我国优秀文化的代表之一，和其他一般的文化相比，更具生命活力，有着传统的延续、继承和传扬的优势。因此，历经几千年的文明洗礼，依然在现代社会具有重要价值。

### （十）传承性

优秀的文化在社会发展中发挥着非常重要的作用，有传承的必要性。民族传统体育文化是一种优秀的文化，具有传承性。

从现代社会的发展来讲，民族传统体育文化的传承，就是要保证民族传统体育文化在现代社会的持续发展。现阶段，我国非常重视民族传统体育文化的传承，积极开展民族传统体育文化的整理与挖掘工作，并重视民族传统体育文化的宣传，许多优秀的民族传统体育项目被列为非物质文化遗产受到重点保护与传承。传承民族传统体育文化有重要的现实意义。

## 四、民族传统体育文化的核心价值

人们对民族传统体育文化价值的认同，本质在于对民族传统体育文化的核心价值的理解与认同。这种价值认同是民族传统体育文化得以不断传承与发展的基础。

具体来说，我国丰富多彩的民族传统体育文化的核心价值主要体现在以下几个方面：

### （一）重视礼教

我国民族传统体育文化是在我国传统文化的基础上产生和发展而来的，我国传统文化重视礼教，因此，这种文化思想影响了我国民族传统体育文化，"礼"是民族传统体育文化的"内核"。

在我国民族传统体育文化萌芽和形成之初，各种具体的民族体育活动只是基于身体的各种运动形式，并不具有文化内涵，随着民族传统体育的逐渐发展，文化内涵不断丰富，具体来说，我国民族传统体育文化中的"礼"最初是阶级社会中对权力的强调，在这种"礼"制下，武术逐渐具有了文化性质，并逐渐形成"尊师重道""武德戒律"等行为准则，在世代习武者身上传承、沉淀下来，并不断得到发展与完善。

此外，在民族传统体育文化的发展中，对礼的尊崇还表现在技术和内容的发展上。我国民族传统体育代表项目——武术，这种追求使得武术向智巧、养生、艺术表演等方面综合发展，讲究德与艺的统一。

### （二）形神兼备

民族传统体育文化以具体的民族传统体育项目为基本存在形式，首先是体育运动，是肢体语言符号，它注重"身韵"的塑造，和其他体育运动（西方竞技体育）形式不同，它的"身韵"内涵赋予了民族传统体育文化长久的生命力，并在此基础上追求"神韵"，主要体现在"形神兼备"方面，并讲究内外兼修。

以传统武术为例，我国民族传统体育文化对形神的双重重视主要体现在以下两个方面：

首先，在民族传统体育文化活动中，"神"是运动者必须要重视的内容，在传统武术习练中，习武者通过对"形"的把握去追求内在的"神"，"神"是一种内在的精神气质。武术的"神韵"既包括了对生命的感悟，还包括自我的情感指向和艺术追求。[①]

---

① 李信厚，郑健.文化视域下武术文化的认同与自觉 [J].广州体育学院学报，2016.36（05）：91-93.

其次，受中国古代传统文化观念的影响，传统武术的习练讲究"身韵"，并在此基础上形成了特有的传统美学思想和观念，习武者在习武过程中，中华民族的精神、风貌、气概都是通过各种富有韵律的肢体律动展现出来的。

就我国民族传统体育的民族特点来说，武术的技击中讲究"内外合一，形神兼备"，强调动作的目的性和实效性。另外，它还强调"眼、心、神、体"的相互协调。这些都体现了民族传统体育的特色以及背后依托的中华文化。

### （三）关注人文

从大的范围来讲，我国不同民族的民族传统体育运动，如蒙古族的摔跤、维吾尔族的姑娘追、朝鲜族的秋千、苗族的划龙舟等，这些运动项目均能体现出本民族的文化特质，各种民族传统体育活动的开展，不仅仅讲求技巧，更注重技艺的表现，并关注各体育活动背后的重要文化价值和意义，如姑娘追的交往价值、秋千的民族特色、划龙舟的龙文化和民族团结、拼搏精神等。

### （四）德艺双馨

民族传统体育通过肢体传播，通过思想影响。各族人民在不同民族传统体育活动的开展中，学习民族技能，了解民族心理，感受民族特色，领会民族精神。

民族传统体育对运动者的品德有较高的要求，无论是中国传统武术、蹴鞠，还是蒙古族摔跤、射箭，或是苗族赛龙舟等，都重视技艺，更追求运动者的品德修养，在运动过程中，决不能通过不正当手段来取胜。

以传统武术为例，无论是汉族武术，还是其他少数民族的拳术、剑术等，"武德"都是传统民族传统体育文化的重要组成部分，武德是在武术这一特殊领域中对社会伦理道德思想的具体运用。武德是一种从武、习武道德，武德是习武之人必须遵循的行为规范和准则。武德贯穿于习武者拜师择徒、教武、习武、用武的全过程，尽管在不同的历史时期和拳种门派中，武德的具体要求不同，但作为民族体育文化中的核心部分，从古至今，武德一直符合中华民族的伦理道德、行为处事准则和对"善""美"的追求，并逐渐发展成为中华民族伦理道德思想的重要部分。武德也是中华民族精神的重要组成部分，是中华民族传统民族文化的重要内容之一。

# 第二节　民族传统体育文化的发展态势

## 一、民族传统体育文化的理论研究态势

### （一）缺乏理论研究

整体来看，我国对民族传统体育文化理论的研究比较缺乏。

就研究内容来说，我国针对民族传统体育文化的研究，主要是民族传统体育项目实践的研究。但是，必须认识到研究民族传统体育对民族传统体育的研究只能是浮于表面，更不会从中领悟到中华民族深厚的文化积淀。因此，还需要进一步加强对民族传统体育运动项目背后的、深层次的文化研究。

在研究项目方面，长期以来，我国对民族传统体育项目的研究主要集中在传统武术和少数拳种上，对少数民族传统体育项目的研究较少，一些民族传统体育项目在小范围流传，受众少，研究经费和人员始终不能到位，导致很多优秀的少数民族的一些传统体育项目失传。

在研究力度方面，如同民族传统体育本身的发展一样，并没有得到太多重视，研究处于无组织状态，多是从研究者的兴趣出发。1998 年开始，民族传统体育才作为一个专业成为教育部颁发实施的体育本科专业，但是，民族传统体育研究的面比较窄，层次不高，不够深入。

### （二）研究人才匮乏

教育是衡量一个国家发展水平的重要指标之一，目前，我国实施的"科教兴国"战略，就把教育的发展放在一个重要的地位。21 世纪是一个人才竞争的时代，必须要抓好人才教育。教育水平如果得不到提高和发展，就会影响社会各类人才的培养，并且在很大程度上制约着民族传统体育的发展。

我国民族传统体育文化内容丰富、项目众多、形式多样，而与之相对应的，我国民族传统体育文化的研究力量相对薄弱。很多民族传统体育文化需要专业人员进行研究，而我国目前这种专门研究民族传统体育文化的人才培养相对滞后，学校教育方面缺少相应的人才培养专业设置。

## 二、民族传统体育文化的教育发展态势

### （一）课程设置不足

现阶段，民族传统体育是我国学校体育教学的重要内容。通过教育传承也是促进我国民族传统体育文化传承的一个重要和有效途径，而且民族传统体育本身具有的民族性、健身性、娱乐性等本质或特征都与学校体育所追求的目标相吻合，特别是民族传统体育弘扬民族文化的内容更是现代我国教育所提倡的内容。因此，必须抓紧我国重视各级各类学校的民族传统体育课程的开展。

就实际教学情况来看，我国的学校体育课程体系，民族传统体育课程较少。就全国范围高校体育教育来讲，一些学校则不够重视我国民族传统体育项目的教学，课程设置多以选修课形式，课程多设置在大学第二学年，且课时较少。

### （二）教学内容少

我国各级各类学校的学生，对我国民族传统体育文化和活动项目大多数是非常感兴趣的，有参与和学习的动机。学校应在民族传统体育课程的设置上充分考虑男女学生的不同项目需求，以及不同学生的娱乐、健身、养生等不同需求。但是，我国各学校的民族传统体育课程课时相对较少，在这样的情况下，再充分照顾到不同学生的学习需求，几乎很难实现。

目前，我国民族传统体育教学内容，主要是以传统武术课程教学内容为主，开设了太极拳、长拳等项目，但其他民族传统体育项目则很少涉及。

### （三）师资不足

我国新课程改革以后，学校民族传统体育课逐渐改变了以往以公体课形式的教学模式，以选项课形式开展，民族传统体育课程较以往有所增多。但是，由于我国学校民族传统体育教学刚刚起步，学校民族传统体育教学师资力量匮乏。

目前，我国学校民族传统体育师资不足的情况主要表现在以下两个方面：

首先，专业教师数量少。在我国各学校体育教学中，从事现代竞技体育项目的教师较多，民族传统体育教师较少。这种情况短时期内很难改变。

其次，教师资专业能力有待提升。当前学校民族传统体育教学的授课教师也大多数是以武术专业为主的教师，还有很多授课教师是从其他专业转过来的。通过我国一些地区的学校体育教学调查发现，学校体育教师队伍，在从事民族传统体育项目教学的教师中，专业教师的比例为 42.8%，而 57.2% 为非专业教师。另据调查显示，在接受调查的 12 所高校中，在从事民族传统体育项目教学的教师中，只有 15 位民族传统体育专业的体育教师，有 20% 的授课教师在工作几年后才开始接触民族传统体育项目的教学。[①]

## 三、民族传统体育文化的竞争发展态势

### （一）竞技性质凸显

20 世纪 90 年代以后，体育的全球化发展趋势越来越明显，竞技化发展成为世界体育发展主流。

任何一种体育运动都有竞技性，民族传统体育运动也不例外，甚至有些项目的竞技性还很强，如武术、摔跤、赛马等。我国的民族传统体育活动最早源于黄帝时期，当时的一些体育活动属于宗教庆典仪式的一部分，这个时候的竞技性还不突出。先秦以后，传统体育的军事价值纷纷体现，竞技性得到了广泛的发展。但是，和西方竞技体育相比，我国民族传统体育中，竞技性要弱得多，很多民族传统体育项目更多是注重健身、娱乐、养生等其他价值。

为了与世界体育竞技化发展趋势相符，融入世界竞技体育的发展中，我国多次对一些典型的民族传统体育项目（如武术、散打、摔跤等）竞技规则和竞赛体系进行不断完善。武术的竞技化改造正在不断完善和适应现代体育发展。1990 年，在第 11 届亚运会上，武术被列为正式比赛项目。1991 年，内蒙古举办首届"国际那达慕大会"。进入 21 世纪，为使武术进入奥运会，2003 年，我国重新修订了《武术（套路）竞赛规则》，使武术比赛的评判更加客观、简洁和易操作，竞技化程度进一步提高。

同时，为了进一步促进各民族发展，传承和发展民族民间传统体育，我国开始举办全国少数民族传统体育运动会，该运动会具有民族性、广泛性和业余性等

---

① 杜炳辉.高校民族传统体育项目的发展现状研究.[J].体育世界，2011（05）：45-46.

特色，极大地促进了民族传统体育的进一步普及、发展。在少数民族体育运动会上，诸多民族传统体育项目的竞技性突出，赛事观赏价值较高。

### （二）市场化运作

现代社会已经进入商品经济时代，有市场需求才有发展空间。民族传统体育的发展绝对不能走"酒香不怕巷子深"的路子，必须主动进行商品化改造，以适应现代商品经济的发展。

要想在市场经济竞争中站稳脚跟，必须对民族传统体育进行市场化运作，使民族传统体育的发展围绕消费者的需求进行运作。要使民族传统体育运动项目竞赛顺应竞技市场竞争、在竞技体育市场化过程中更好地抢占国际市场份额，以促进我国民族传统体育竞技的快速发展。具体来说，民族传统体育产品和民族传统体育赛事，无论是在设计、生产，还是包装方面，都要树立消费者为中心的理念，并主动参与市场营销。

当前，我国各地区为了发展竞技，也为了弘扬本地区本民族体育文化，都在积极开展少数民族传统体育旅游，并结合现代市场经济发展特点寻求本地区、本民族的特色发展道路，以一种新的运作方式融入现代市场竞争中。

## 四、民族传统体育文化的区域化发展态势

### （一）不同民族的民族体育发展不平衡

就我国民族传统体育整体来看，虽然在众多项目中有许多项目有着类似的地方，还有一些项目的属性尚无法界定，有许多边远地区未在走访发现的范围之内，再加上历史、社会、文化等种种因素的影响，使得这一数字并非绝对准确。但是，从现有数据上可以推断出，在我国民族传统体育项目中，汉族的体育项目多，其他少数民族的传统体育项目少。

因此，简单来说，从区域范围来讲，汉族聚集的地区，民族传统体育项目和文化形式多，少数民族聚集地区，民族传统体育项目数量较少、文化形态也少。

### （二）各经济区的民族体育发展不平衡

经济基础决定上层建筑，民族传统体育文化属于精神层面的文化，属于上层

建筑部分，受经济因素的制约。

经济的发展对文化的产生、发展有重要的影响作用。具体表现在以下几个方面：

首先，经济生产方式的不同，决定了在此基础上产生的民族传统体育文化内容和形式不同。例如，我国北方地区地域广阔，地形主要为高原和平原，气候普遍少雨、冬季寒冷、夏季凉爽，因此北方民族以农耕文明为主，在此基础上产生的民族传统体育多与农业生产有关，而西北地区少数民族以畜牧业为主，因此，民族传统体育多围绕畜牧业生产活动开展，出现了如摔跤、赛马、角力等运动。反观南方地区，地形依山傍水、气候温和，再加上多湖多水，因此许多体育活动与水有关。民族文化的差异性是客观存在的，即使是同一民族，由于所聚居的地区差异较大也会在包括体育运动文化在内的多种风俗上表现出许多不同的地方。

其次，经济发展程度不同，民族传统体育文化的传播和影响范围也不同。民族传统体育活动地域性的本质在于某一个民族或几个民族所处的特殊地域会给该地区所居住的民族的文化带来些许影响。地域差别较大的民族其民族的文化和习俗差别也较大。这些都使得在与外来文化的和谐发展过程中各个民族都在自己文化背景基础上形成了有别于其他民族的传统体育文化与活动方式。我国古代经济落后，交通不便，因此各民族传统体育民族性更加明显，经济发达地区的文化逐渐向不发达地区输出，因此，经济发达地区的民族传统体育的影响范围就更大，在现代社会仍是如此。我国经济发达地区的汉民族文化要比其他少数民族的民族文化传播范围更广、影响力更大。

最后，教育事业的发展也会受到地区经济发展的影响，但是在民族传统体育文化的研究领域，人们经常会忽视地区经济的因素。只有经济发展到一个较高的水平，人们才会重视教育事业的未来发展，民族传统体育文化才能够得到传承和发展。和东部沿海发达地区相比，我国西部地区的经济水平较为落后，所以民族传统体育教育水平也相对落后。近年来，我国的教育取得了一定的成绩，西部等地区的教育得到了较大的发展，并在一定程度上促进了本地区的发展。但民族地区的教育发展不上去，就会导致人才发展的失衡和流失，民族地区的传统体育运动也会因此而遭到破坏和没落。必须抓紧我国一些少数民族地区民族传统体育教育发展落后的情况。

需要特别指出的是，在经济对不同地区文化的影响上，我国民族传统体育是从原始社会和奴隶社会发展而来，一些民族传统体育所依赖的广大农村地区和民族地区的经济、文化较为落后，受此影响，仍然有许多民族传统体育项目无法摆脱原生形态或次原生形态的深刻烙印，至今还带有浓郁的文娱色彩，并与舞蹈、杂技、祭祀等混为一体，还有很多民族传统体育文化带有封建色彩和落后思想。

# 第三节　民族传统体育文化体系的构建策略

## 一、深化民族传统体育教育改革

教育是民族传统体育文化发展的保证，教育能培养出一大批专业人才，从而更好地推动民族传统体育的发展。总之，教育的发展是一个基本问题，也是一个长远问题，而民族传统体育以教育为基础的人才发展观的确立，是民族传统体育未来发展的中流砥柱。

### （一）丰富传统民族体育教学资源

在我国学校体育教育教学中，我国民族传统体育教学内容有其不可替代的优势，但是，从现代世界竞技化体育发展趋势来看，以及结合当前我国体育教育教学改革过程中新的体育教学目标的确立，某些传统体育教学内容已不适合或者说在某些地方（如规则、技术难度）上不适合现代体育教学的要求。

现阶段，为了更好地发挥传统体育教学内容的优势，更好地为我国学校体育教学服务，以适应现代教学的需要。应从规则、技术难度、趣味性等方面对民族传统体育中的一些项目进行改造，以便于简化规则、降低难度，突出民族传统体育的游戏、生活、实用等特征，使其成为学生终身体育内容。

### （二）调整民族传统体育课程结构

目前，我国学校民族传统体育教学主要是以选项课为主，形式较为单一，不利于学生参与民族传统体育积极性的调动。

为激发学生对民族传统体育参与和学习的兴趣，当前，我国各地区普通学校应根据各自的实际情况，有针对性、目的性地拓展民族传统体育课程类型，使课内、课外一体化教学得到进一步加强，进而使民族传统体育课程结构得到进一步完善。这有助于促进学生在课外积极参与民族传统体育文化活动。

### （三）拓展民族传统体育课程内容

长期以来，在我国各级各类学校的民族传统体育教学中，教材内容是专家、学者按照特定的要求编写的，因此往往严密性和逻辑性很强。这种编写方式虽有利于教学，但容易脱离教育教学实际。教材的课程内容需经过体育教师的加工讲解，才真正使教学内容展现给学生。在民族传统体育教学过程中，教师可根据具体教学目标和实际情况对教材内容进行取舍，选择适合本校、本地区的民族传统体育项目教学和组织开展活动。

以传统武术为例，在课程内容选择和设计方面，绝大多数学校都是将武术套路运动作为主要内容。我国西北地区还可以积极开展摔跤、角力等内容的教学，使教学内容更加丰富，从而提高学生对民族传统体育课程的兴趣和学习积极性。

### （四）完善民族传统体育专业教材

民族传统体育属于体育学，但是，民族传统体育教材不仅要涉及体育学，而且还要涉及与之相关的其他学科，如传统哲学、中医学、训练学、养生学、伦理学、美学、兵法等。作为一个由多学科相交叉形成的新兴专业，我国民族传统体育教材多是运动项目的固定套路介绍，缺乏文化内容。

要促进我国民族传统体育文化的发展，构建完善的民族传统体育文化体系，就必须增加民族传统体育文化内容，根据各地区不同学校的实际体育教学特点和民族传统体育运动项目特点，不断开发和完善学校民族传统体育类的专业课教材。通过民族传统体育教学开展，丰富学生的民族传统体育文化知识和素养。

### （五）建设校园民族传统体育文化

文化环境是以一种特定的文化氛围，对学生有重要的作用，会使学生在不知不觉中受到潜移默化的影响，受到陶冶、导向和激励的作用，建设校园民族传统体育的良好文化环境，有利于充分发挥民族传统体育的育人作用。

在学校民族传统体育教学中，必须充分发挥民族传统体育课和体育教师的教育功能。在课堂教学过程中，教师应注重自身指导性和学生主体性的充分发挥，通过多元的体育内容和体育方法，不断提高学生的学习兴趣，促进学生建立终身体育意识，让学生参与体育教学过程，在实践中培养学生学习民族传统体育的兴趣。

### （六）体育教学突出地方民族特色

民族传统体育有地域性特征。文化发展离不开文化诞生和发展地域的自然和人文环境。一定的地域是一个民族长期繁衍生息的空间条件，许多民族传统体育活动都是在一定的自然和人文环境下孕育产生的。民族传统体育地域性特征的客观存在要求学校民族传统体育的发展必须重视各学校的地域特征。

结合民族传统体育开展的地域特点，同时考虑到不同学校的实际情况存在一定的差异性，民族传统体育教学应该突出区域、地方特色和特点，民族传统体育课程内容选用要充分结合本地区的实际，从实际出发。结合本地区开展较多的、影响广泛的民族体育内容，开设相应的民族传统体育教学项目。

## 二、民族传统体育的竞技化改造

当前，竞技体育是世界体育发展的主流，对我国民族传统体育进行竞技化改造，是新时期我国民族传统体育在现代社会可持续发展的必然要求，必须转变观念，充分认清这一事实。为了适应当前全球体育竞技化发展趋势，我国民族传统体育开始进行竞技化改造，民族传统体育文化的竞技性质日益凸显。对民族传统体育进行改造使其符合竞技体育的特征，才能促进竞技化的科学发展，并与当前世界体育竞技化发展相适应。

对我国民族传统体育的竞技化改造应从以下几个方面入手：

### （一）内容和形式的竞技化改造

对民族传统体育套路的结构和内容进行改造，提高民族传统体育的娱乐性和观赏性，使民族传统体育既包含民族项目要求，又能将世界各民族的同类素材和内容融入其中。

针对一些竞技性较强的民族传统体育项目，如传统武术、蹴鞠、散打、摔跤、射箭、秋千等，应改变原有民族传统体育套路模式化、民俗仪式和庆祝内容，在丰富民族传统体育内容与形式的基础上，突出和充分体现西方竞技体育的一些特点，为进一步融入现代竞技体育奠定基础。

值得一提的是，对民族传统体育的竞技化改造，应建立在保留民族传统体育基本特点的基础上，要凸显出体育运动开展的民族性，不能盲目改造。

### （二）运动规则的竞技化改造

现代竞技体育有明确的规则，在规则指导下开展，根据规则进行评判，这是竞技化体育在全世界范围内广泛推广的基础。对民族传统体育运动项目的运动规则不断调整也是我国民族传统体育一步步走向竞技性、规范化的重要前提。

当前，对我国民族传统体育运动规则的竞技化改造，应重点做好以下两个方面的工作：

第一，简化规则。民族传统体育竞赛规则的不统一是影响民族传统体育竞技化发展的重要制约因素。为融入现代竞技体育，必须统一民族传统体育的竞赛规则。统一规则就应该使体育竞赛规则的使用要方便，要想保证民族传统体育竞赛公平、公正地进行，简化竞赛规则非常重要。以我国传统武术为例，对武术套路、动作的技术评判缺乏统一、明确的标准，直接影响了不同裁判在比赛过程中对参赛选手的评判。从裁判员的角度来讲，目前，在武术套路比赛中，技术动作的规则判定十分复杂，对裁判员的武术专业素养和裁判能力要求较高，而现在的武术比赛裁判员多为兼职，对武术技术动作研究有限，对操作性不强的武术竞赛规则的理解也有限。[1]这就使得各个裁判评判标准不统一，评判内容及其关注点不同，很难对选手的表现做出像西方竞技体育那样的明确的数据判断。简化竞赛规则是保证武术比赛客观、公正的重要、有效手段，简便可操作性的武术竞赛规则便于裁判员评判，这是促进竞技武术竞赛的竞技化和国际化发展的必由之路，也是民族传统体育竞技化发展必须首先重点落实的改造工作内容。

第二，明确具体评判标准，使规则更具操作性。规则的可操作性是现代竞技

---

① 张志辉．竞技武术套路竞赛规则嬗变的研究 [D]．北京体育大学，2015：53.

体育的一个重要特点。仍以我国传统武术为例，我国传统武术内容丰富、动作多变、套路多样，不仅重视技术动作，更强调"精气神"，讲究神韵，这就使得武术的评判不仅仅局限于动作、套路的完成，还要兼顾形体、形态、意蕴表现、神韵风采、"精气神"等多个方面，而这些内容的优劣评判是很难量化的。反观现代竞技体育的评判标准，非常直观的是用时间、距离等客观数据说明的，我国民族传统体育内容丰富要进行统一的技术评定，就必须规范规则。现代竞技体育比赛规则的规范化是武术发展的客观要求，也是民族传统体育评判标准适应现代竞技体育发展要求必须要改造的。

## 三、民族传统体育文化的社会化发展

### （一）建立全社会的文化传承体系

在当前日益重视国家和民族文化软实力发展的背景下，民族传统体育文化的传播和传承意义重大，它承载着继承传统文化和弘扬民族精神的历史使命。因此，应该开拓思路，民族传统体育文化体系的完整建立，不能仅仅局限于校园、依靠竞技化发展，而是要依靠全社会来发展。

具体来说，就是要学校、家庭与社会相互配合，充分发挥体育宣传的导向作用。端正家长、教师、学生对学校民族传统体育的认识，使他们深刻地理解学校民族传统体育对培养现代化的人、促进人的全面发展、传承我国优秀传统文化的作用。

一方面，使学生能自觉、主动参与民族传统体育活动，使大学生在实践中加深对民族传统体育的情感、在实践中真正提高民族传统体育文化素养。

另一方面，促进整个社会民族传统体育文化自信心的建立，使社会大众能积极、自觉地学习与宣传民族传统体育文化，在整个社会形成良好的民族传统体育文化氛围，建立民族自信心。

### （二）借助文艺宣传传统体育文化

文艺与文化之间有密切的联系，文艺是文化的具体、可视性的表现。可以借助文艺发展，宣传民族传统体育文化。

一方面，可以借助影视作品宣传民族传统体育文化。影视文化是一个朝阳性的文化产业，对人民的生活产生重要的影响。"功夫"（Kong fu）是国外对中国文化认知的一个重要标签，认为每个中国人都像李小龙一样有一身好本领。这种民族传统体育对文化的影响，正是源于电影在人们意识领域的映射。近些年来，我国创作了《霍元甲》《叶问》《新少林寺》等一大批优秀的宣传中华民族传统体育的电影，这些优秀作品和电影明星对我国民族传统体育文化的宣传、普及、推广起到了重要作用，并引起世界反响。

另一方面，可以借助文化展览、文学作品、舞台剧、民族印象等系列表演，来宣传民族传统体育文化，增强地方性、民族性的体育文化影响力，并提高我国文化软实力。

### （三）推广大众民族传统体育健身

民族传统体育文化的活动性质与功能是多元化的，集健身、养生、娱乐、竞技为一身。其中，民族传统体育的健身性、娱乐性使其能成为大众健身运动项目的重要内容。

具体来说，民族传统体育有重要的健身功能。体育运动的本质本身就带有健身性，因此民族传统体育也有这一属性。民族传统体育项目植根于我国地区的传统体育运动项目，所以毋庸置疑地拥有足够的群众基础，且大多数人对本民族的一些传统项目的规则和参与方法较为了解，可以非常方便地参与其中。此外，我国民族传统体育大多来源于日常的生产生活行为，后来随着生产力的不断提升，一些古老的生产方式不再拥有实际意义，转而变成了人们作为娱乐的方式。最初的民族传统体育较为简单，几乎没有太多规则可言，随意性和灵活性较强，民众可自由参与其中。

在现阶段，我国大力推广全面健身计划，民族传统体育的健身与娱乐属性，使得民族传统体育运动成了大众健身活动的重要内容。通过开展民族传统体育活动，对于现阶段，增强民众的体质，提高民众的身体运动能力，优化民众的身体素质，使民众具有强健的体魄和健康的心理有重要促进作用。

需要特别指出的是，全民健身计划的实施给我国民族传统体育事业提供了有利的发展空间。新时期，在合理利用发展空间的同时，还需要注意民族传统体育文化的优势发展原则。形成以民族传统体育、中华养生术等带动其他民族传统体育项目发展的局面，将优势项目与弱势项目有机结合起来，在发挥优势项目的前提下，大力发展弱势项目，进而实现民族传统体育文化事业的全面发展。

## 四、促进我国民族传统体育文化的世界化发展

当前，随着我国国际地位不断提高，我国对外交流的日益频繁，我国对外交流的形式也日趋多元化，这对国际文化交流有重要的促进作用。

新时期，要促进我国民族传统体育文化的发展，不断建立与完善我国民族传统体育文化体系，就要立足全世界，在全世界范围内推广我国民族传统体育文化，建立中华民族的民族自信心和自尊心，增强中华民族的凝聚力。

在世界范围内推广我国民族传统体育文化，可以借鉴武术赛事和孔子学院模式。武术是外国人了解我国民族传统体育文化的一个重要窗口，目前我国已经打造出具有世界影响力的武术散打赛事，成功地宣传了我国传统武术文化。而孔子学院是我国对外文化交流的一个创举，在国际上已经成为中国文化对外交流的主要阵地，是异国学生体验、学习中国文化的地方。我国民族传统体育文化在世界范围内的推广和发展可以成功借鉴和依托上述两个模式和途径。

总之，民族的就是世界的。促进我国民族传统体育文化的世界化、国际化发展，是我国民族传统体育文化自身发展的需要，也是弘扬世界优秀民族传统体育文化内容的客观需要。

# 第七章　面向体育强国的竞技体育文化建设

竞技体育是构成体育运动的一个关键部分，是体育运动发展最好的一个领域。本章主要论述体育强国背景下竞技体育文化建设与发展，详细介绍了竞技体育文化理论体系阐述、竞技体育文化发展现状及存在问题分析、影响竞技体育文化发展的因素分析和竞技体育文化发展的理念与对策。

## 第一节　竞技体育文化的内涵

### 一、竞技体育文化的相关概念

#### （一）竞技体育的概念

任何事物都始终处于发展状态之中。在长时间的体育运动实践中，竞技体育的概念和内涵同样一直处在持续发展的过程中。我国最早研究和界定的"竞技体育"概念是在 20 世纪 70 年代提出的，谷世权和过家兴指出体育由大众体育与竞技体育组成，竞技体育就是"研究运动训练科学性，探索运动训练规律，夺取比赛优胜的一个体育分支"，是"在全面、最大限度发挥人的潜力基础上，创造最佳运动成绩的运动活动过程"。

近年来，在我国越来越深入地研究竞技体育的背景下，我国一些学生针对竞技体育的概念提出了崭新的想法。我国学者卢元镇指出，竞技体育是"体育运动的重要组成部分，是体育文化发展的最高层次"；田麦久则认为，竞技体育是"以体育竞赛为主要特征，以创造优异运动成绩，夺取比赛优胜为目标的社会体育活动"①。这两位学者对竞技体育的见解存在一致性，即竞技体育不单单是一种体育运动，其文化内涵还相当高，和社会发展状况存在不可分割的联系。

综上所述，我们可以将竞技体育的概念界定为竞技体育是一种竞争性的体育活动。竞技体育的主要形式是比赛，所追求的结果是力求在运动成绩上超越他人或者实现自我超越。

### （二）竞技体育文化的概念

就当前来说，在广大学者越来越深入地研究竞技体育文化的背景下，竞技体育文化被新时代赋予了很多种含义。关于竞技体育文化概念的界定，学术界一直对其进行完善和丰富，发展至今也未能形成关于竞技体育文化概念的统一认识。有学者认为，（西方）竞技体育文化一直以来都在朝着竞技性、惊险性、公开性、健美性以及趣味性等方向发展，是一种重视人类均衡发展但又包含暴力内容的体育文化。以我国传统文化为比较对象，竞技文化不够重视竞争中的道德教育。也有学者认为，竞技体育文化是一种既有民族精神，又有人本思想的体育文化。还有学者认为，竞技体育文化是先进体育文化的一种类型，对人类提高自身身体素质、健全自身人格、树立健康向上的世界观和人生观都有积极影响，也密切关注人和自然、人和社会，想方设法把个体之间的公平、公正、彼此支持、彼此促进凸显出来，是有助于构建融洽的人际关系以及国际关系的体育文化。

## 二、竞技体育文化的特征

### （一）规则性特征

竞技体育需要在公平、公正、公开的环境中进行，达成这种有序性要求的直接措施是针对竞赛双方的运动员制定具有强制性特征的竞赛规则，进而确保在竞技竞赛基础上演变而成的竞技体育文化具备鲜明的规则性特点。与此同时，竞技体育文化能推动参赛运动员在参赛之前，甚至从小时候接触特定项目的运动训练时就了解具体项目的竞赛规则，不然运动员将无法充分掌握特定游戏的运动进程。另外，由于现代各体育单项组织均在主动探究运动项目的未来发展之路，比较常

---

① 田麦久，刘建和 . 运动训练学 [M]. 北京：人民体育出版社，2000.1.

用的一项措施就是调整和完善规则，倘若运动员没有及时理解和掌握运动项目的规则，将会增加其在竞赛中获胜的难度。

由此可见，竞技体育文化就是以物对人的制约以及主体之间的彼此制约。就和平年代而言，体育竞赛就是最好的"战争"形式，同时由于当今竞技体育在朝着商业化与职业化的方向发展，所以比赛胜负往往在很大程度上决定着利益归属，使其有更大可能把人们的内心欲望借助运动的形式凸显出来。但是，为确保运动竞赛达到有序性和公平性的目的，就有必要制定出供大家共同遵守的规则，从而为参赛运动员带来一定的限制，为比赛全程的客观、公正提供保障。换句话说，竞技体育的规则是一种自我约束机制的产物，是体育文化内部各类形态的重要基础。

### （二）功利性特征

前面提及的竞技体育文化的规则性中已经明确指出竞技体育正在朝着商业化与职业化的方向发展，比赛输赢对利益归属有决定性作用，同时该项利益在现阶段乃至以后的发展走向会大幅度增长。这些因素造成越来越多的运动员更在意比赛的输赢，从而使竞技体育的竞技性特征朝着日益鲜明的功利性方向发展。竞技体育文化功利性的具体反映是，功利性成为推动体育活动主体挑战自然、挑战自我的一个重要源泉。

从根本上来说，当今社会的方方面面都存在竞争现象。就参与竞技体育的运动员而言，功利性的关键反映是自身价值的社会认可，其次才是参赛运动员生存的一种谋生工具。然而，竞技体育功利性特征在当今社会越来越显著的背景下，很多关于竞技体育的幕后操作以及体育运动比赛中不好的现象相继被曝光，这些现象一定会阻碍竞技体育可持续发展。

从全局来分析，竞技体育的功利性并非竞技体育自身的梦魇。倘若有关部门能从根本上打击竞技体育中的不良现象，竞技体育的功利性行为乃至结果将会被科学引导，最终带领竞技体育朝着正确的方向发展。

### （三）选择性特征

竞技体育活动的主体选择活动共同组建了竞技体育文化的选择性特点。因为竞技体育活动的内容具有多样性特征，所以向参与者提供了很大的选择空间，但很多竞技项目都设置了很高的准入门槛，这同样是对参与者的选择，由此可知，竞技体育活动和人们对它的选择属于双向行为中的一种类型。形形色色的社会角色在从事体育活动时往往有自己的选择，确定这种选择的主要依据是活动内容、活动主体以及社会角色，与参与主体特征和具体状况不吻合的竞技运动必然会被排除。

因此，活动内容和主体角色是广大群众选择竞技体育活动内容的决定性因素。竞技体育运动员选取的活动内容往往会在形式方面反映出十分明显的专门性特征，其中有很多运动员在其他领域也获得了出色的成绩，但在多个领域取得出色成绩的运动员比较少。这种情况主要产生于同一种类型的运动项目中，如一些田径运动在短跑项目和跳远项目上都占据很大优势，原因在于这两项运动中的很多技术都是共通的。

明确确定竞技体育的参与主体与内容后，可以反映出竞技体育文化的选择性特点就是选择活动方式，其能够反映为对各类运动的选择，还能够是对同一项运动在实现运动参与质量上或者目标上的具体选择。就专业足球运动员和普通大学生来说，前者参与足球运动旨在获得更理想的名次，从而得到更加可观的收益，后者参与足球运动同样有竞争性，这种竞争主要是精神层面的向往。

### （四）互动性特征

竞技体育活动的互动性特征在多数情况下都是利用主体的互动表现出来的，具体内容如下：

在参与竞技体育活动时，主体不可避免地会在很多层面有所互动，如集体性竞技运动中队员之间的场下沟通与场上配合等。除了场外观众缔造出的竞技体育文化的互动性以外，很多体育活动中的内容互动存在相似性，所以体育活动具有潜在的互动性特征。各种类型的运动形态都存在项群特征，同时反映出特定的相似性，如乒乓球运动就是在网球运动的基础上演变而成的，这两项运动在很多层面都有相似之处，这里提及的相似性在橄榄球运动、足球运动和篮球运动之间的关系同样能发现。

## （五）渐进性特征

经过很长时间的发展和演变，竞技体育才发展成我们看到的样子，其起源于广大群众时常参与的游戏或者生存技能教学活动中。在此之后，在人类社会持续进步的背景下，人们抢占资源的行为出现在社会的各个方面，竞争意识由此形成。随着时间的推移，这种意识慢慢渗透在体育运动中，竞争的内涵逐步发展成体育运动的重要内涵。发展至今，竞技体育已经演变成在人类体育运动文明中发挥关键性作用的体育运动方式。

渐进性特征同样是由竞技体育的主体呈现出来的，主要通过横向和纵向两个方面反映出来。具体来说，纵向反映是指活动主体实施体育后在身体发展和心理发展两个层面的渐进过程，横向反映是指实施体育以后产生的各种类型的层次主体。

竞技体育的渐进性是活动主体在长时间的体育运动实践后获得的经验集合，主要目的是确保这些经验对体育运动活动产生反向指导作用，从而更加高效地实现体育活动目标。

## （六）多样性特征

从本质上来说，竞技体育由多元化内容组成，并非简单意义上的人与人之间的比赛或者团队与团队之间的比赛。就参与竞技体育的各类角色而言，每个角色往往会在竞技体育文化中产生截然不同的形态。例如，运动员和教练员都是运动竞赛的主体，但两者扮演的角色却存在很大的差异，两者在相互协作的过程中力争得到满意的成绩，最终获得事先设定的物质收益以及精神收益。

虽然观众不是体育竞赛的参与主体，然而是竞技体育中无法替代的客体，愉悦身心是他们欣赏体育赛事的目的所在。现代竞技体育产业化发展恰恰是在赛事对观众有巨大吸引力的前提下逐步发展起来的，如果大批量观众不复存在，竞技体育运动的产业化发展将会遇到很大的挑战。

我们可以将竞技体育的组织者理解成竞技体育产品的生产人。在当今社会，体育赛事被很多人理解成一种产品，而生产者的生产水平对体育赛事产品的实际价格有直接性影响，体育赛事产品产生的最终收益就是竞技赛事生产者得到的收益。毋庸置疑的是，这里提及的给赛事产品卖出好价格仅仅是竞技体育价值中的类型之一。除了得到很多经济收益以外，组织与销售精品赛事也能在政治领域以及多元化的经济领域获得巨额收益。

竞技体育拥有多重文化内涵是竞技体育反映出多样性特征的一项重要原因。竞技体育文化在内容方面同样存在独特指向，该点着重反映在竞技体育运动的参与者身上，如运动员和广大群众。运动员作为竞技比赛的参与者往往会设置清晰、肯定的目标，他们一定要根据运动队或者组织者指定的活动内容进行。与制定明确目标的运动员相比，广大群众参与的竞技比赛比较随意，拥有很大的选择空间，但其内部存在的"竞争性"含量也比较低。由此可见，体育活动内容的多样性是造成活动方式多样性的决定性因素。当体育活动的目标和内容出现变化时，活动主体就会凭借与之前有差异的方式参与进来。

## 三、竞技体育文化的价值

### （一）道德建设

在竞技比赛中，中国运动员表现出来的不屈不挠、勤学苦练、不断钻研、不断创新的精神，同心同德、团结战斗的集体主义精神，胸怀祖国、放眼世界、为国争光的精神，胜不骄、败不馁的乐观主义精神，这些都对我国各个行业有着非常好的示范作用，同时这也是中华民族得以复兴的重要前提和宝贵财富。

### （二）公平意识

在竞技体育运动中，所有的项目都要遵循一定的规则，规则要求参与比赛的运动员、教练员以及比赛相关管理人员等都要遵循公平、公正的原则来开展活动。所以说，如果缺少了公平原则，竞技体育就很难得到顺利开展。竞技体育运动员在比赛中起点相同，比赛成绩都由共同的尺度来衡量，如果所采用的尺度不同，那么比赛就很难得以顺利开展；在比赛结束之后，对比赛胜负结果需要采用共同的尺度来进行判断。

在竞技体育中，所有运动员都享有自由、平等的权利，要在正当的竞争条件下努力获得比赛的胜利。在比赛中，所有的运动员都要严格遵循公平竞争的原则，根据既定的比赛规则来参加比赛，避免出现不正当的竞争行为。所以，在人类发展中，竞技体育的公平竞争意识发挥了非常重要的作用。

### （三）国际化观念

竞技体育在各国传统历史、意识观念、文化观念等诸多因素的影响下表现出了各种不同的特征。但竞技体育无国界，它是人类共同的一种文化形式。从某种意义来说，竞技体育已经逐渐发展成了世界全球化的人类语言，使得世界各国人民之间的沟通和交流得以增加，对世界和平起到了良好的促进和维护作用。

改革开放后，我国竞技体育得以快速发展，并且受到世界很多国家的关注。我国的竞技体育在一些国际性赛事中获得金牌，从而将体育的重要地位愈发凸显出来，增强了国人的信心，激发起了国人的自豪感，也为中华民族的伟大复兴奠定了基础。

在竞技体育中，对公正、公开、公平的竞争意识进行倡导，事实上就是树立了一种和平竞争的国际化观念。竞技体育在我国发展中产生了非常重要的影响，能够促使我国应对经济全球化、政治多极化、文化多元化的国际社会环境，以便我国立足于世界民族之林。

## 四、发展竞技体育文化的意义

### （一）竞技体育文化对人本和谐的构建

人本和谐的理念主要在于"以人为本"的行为方式。一直以来，所有人都是发展的主体和促进动因，所以只有身处宽松良好环境的人们才能对特定领域贡献应有的力量。这里提及的环境涉及方方面面，个体的内在环境或者外在环境都在这个范畴，如个体内在的身心健康、个体外在的社会适应水平等。有学者指出竞技体育文化能够塑造人本和谐的关键原因是，竞技体育的参与者往往能得到身体发展与心理发展的一致追求。学者归纳出这一观念产生的时间不是近几年，早在几千年以前的古希腊人思想中已经提出并认可这一观点，证据是考古学家在希腊一处峭壁上发现了镌刻着一句古老的希腊格言，"如果你想强壮，跑步吧！如果你想健美，跑步吧！如果你想聪明，跑步吧！"跑步是集简单和实用于一体的全面健身运动形式，跑步能够推动人体的多项身体机能状态维持在相对健康的状态，同时有助于参与者宣泄内心的压力，所以说古希腊人很早就有踊跃参与体育运动的热情且意识到健全的精神寓于健全的体魄中，同时，这种意识到体育对人体产生积极影响的思维不单单局限于热爱，而是将踊跃参与体育锻炼的意识融入民族精神中并慢慢流传下来。

就近代来说，作为现代奥林匹克运动之父的顾拜旦在撰写的《体育颂》中表达了自己对体育运动的赞美之情。分析顾拜旦的这首颂诗，不难找到体育运动对人类身体和心理产生的正面影响。这些语言就是包括竞技体育在内的体育运动，有助于人本和谐建构的例证。

### （二）竞技体育文化对人际关系的构建

就当今社会来说，仅凭自身能力独立完成任务的状况不断减少。这种现象使社会朝着多元化方向发展已成为必然，这种现状要求人们需要在他人的配合和帮助下完成一项任务，从而人际关系的处理应运而生。倘若个体能够灵活处理人际关系，则有助于他更加高效地完成相关工作，反之则会遇到各种各样的阻碍和困难。

要想和他人形成融洽的人际关系，需要重点追求的目标就是可以和其他人形成公平、公正的状态，如果个体打破这种平衡状态则难免会产生一些人际关系问题。当人际关系比较顺畅时，任何人都拥有各自的权利和义务，同时权利和义务对每个个体而言大体统一，尤其是在团队中切莫对一些人采取特殊待遇。如果这样，就会使一直处于和谐状态的人际关系遭到破坏。原因在于人本身就是一种情感类生物，人的想法与精神状况难免会因为经历相关事件而出现或多或少的变化。但只要个体始终秉承人际和谐的总则，即便个体之间产生某种冲突，仍然能够在沟通之后回归到正常状态，从而对整体目标以及效能产生的作用不明显。

在详细阐述人际关系的基础上，把人际关系和竞技体育文化融合在一起后能够发现，竞技体育蕴含的尊重客观、奉行公平、公正的原则恰恰反映出了人际关系融洽的关键性条件。对于所有在相同规则的限制下参与同一个运动项目的运动员而言，只要他们凭借自身的体力与技能参与角逐，那么比赛的唯一标准有且只有运动员的运动成绩。由此可见，竞技体育中人和人之间平等、和谐的关系是多么重要。

现代竞技体育朝着产业化发展已经演变成一种必然趋势。和过去相比，产业化发展趋势下的竞技体育包含类型更加多元化，关于利益的争夺正在朝着日益激烈的方向发展。为了实现利益最大化目标，很多人丢掉了大力倡导的体育道德风尚，开始使用形形色色违背体育道德的手段。例如，为获得更多荣誉，一些参与体育竞赛的运动员使用兴奋剂。另外政治因素对体育产生的作用也导致越来越多的国家因为各种各样的理由抵制奥运会等。这些打破和谐的因素必然会对竞技体育的长远发展带来阻碍。总之，竞技体育中隐含的这种文化内涵对构建人和人之间的和谐关系有很大的正面影响。倘若人们违背这些规则，则会使竞技体育的发展停滞或者下滑。

### （三）竞技体育文化对和谐国际社会的构建

以奥运会为例，古希腊时期举办奥运会不单单是为了单纯的竞技比赛，相反是一种拥有深远意义的定期祭祀活动，是古希腊时期特征显著的文化展现。在那个历史阶段，古希腊城邦林立、战事连连的社会背景为奥运会的开展提供了良好的平台。各个城邦都答应奥运会比赛期间不发动战事的要求，这就是著名的"神圣休战"约定。"神圣休战"约定对竞技体育在未来的发展有很大的影响，从中不难发现竞技体育中已经产生各政治主体之间和平、友好的基因，准确来说就是具备了和谐的意识。时至今日，在举办现代奥运会的时间段内，国际奥委会依然提倡世界各国在奥运会举办期间不得采取军事行动。

在很早之前，和平就成为当今社会的主流。对于身处良好环境氛围的竞技体育而言，充当着人本性中的暴力与攻击性本能的有效转换途径，我们可以将其理解成合法对抗以及不存在硝烟的战争。它有助于加深国家或民族之间的相互了解、相互沟通。

### （四）竞技体育文化对人与自然和谐的构建

人和自然的和谐是指在人类社会的发展历程中不仅要关注人类，还需要对自然投入应有的关注，从而最终达到人和自然、生物和非生物、时间和空间等方面的协调。由于人类所有方面的发展都无法脱离稳定和谐的自然环境，所以人类必须要在行动上高度重视与自然的和谐。就竞技体育而言，竞技体育和人类在自然中的生存相同，其存在必须依附特定的自然环境。竞技体育要想实现可持续发展的目标，必须利用并保护自然环境，努力使这两个方面保持协调统一的关系。

在人类社会持续发展的背景下，广大群众生存所依赖的自然环境正在朝着越来越恶化的方向发展。一方面，我们可以将这理解成人类发展必须经过的道路，发展过程中必然需要消耗资源、占用土地；另一方面，当人们越来越深刻地意识到环境破坏以及治理的必要性和重要性之后，就会想方设法保护环境。与此同时，依托自然环境的竞技体育往往需要以人和自然和谐为基础，不然竞技体育运动就难以反映出阳光、向上以及积极的内涵。《奥林匹克宪章》明确规定："国际奥委会认为举办奥运会应当显示对环境问题的关心，并在活动中采取体现这种关心的措施。教育与奥林匹克运动有关的各方理解可持续发展的重要性。"为此，国际体育界也在各个方面做出了极大的努力，提出了一些切实可行的关于举办竞技体育比赛的同时保护自然环境的措施，以求避免竞技体育赛事对环境的较大影响。其中比较典型的事例是在1972年，美国丹佛市由于提出了有碍环境保护的冬奥会举办方案，从而最终失去该届冬奥会的举办权，而同年举办的慕尼黑奥运会的举办口号则是"健康环境中的健康比赛"，这一办赛理念显然与环境保护的宗旨非常贴切。在此后的奥运会承办城市的陈述中都要有与环境保护相关的政策和措施，如果不能满足这些条件，则不考虑将承办权交予这些城市，如雅典、北京等著名城市都曾因环境污染问题在申奥竞争中落选。后来北京的胜利也在力求将"绿色奥运"作为办赛理念而深入人心，这显然对人与自然的和谐发展起到了重要的宣传与推动作用。

现代竞技体育中"绿色"理念的深层含义就是体育和自然环境的共生以及彼此关怀，充分彰显了人类在竞技体育中对大自然的关切以及人道主义精神。立足于这个视角分析问题，不难发现竞技体育文化中蕴含并倡导的"绿色体育"理念大大推动了人和自然之间的和谐关系的建立，由此也就演变成竞技体育运动可持续发展的一个关键性因素。

## 第二节　竞技体育文化的研究现状

针对竞技体育文化的发展问题，需要我们密切关注的首要问题是有关领域的现状问题。体育文化中包含很多项内容，竞技体育文化仅仅是其中比较关键的组成部分，是现阶段社会生活中诠释体育精神的关键手段之一。详细来说，竞技体育文化本身就是一个独立的文化系统，内部包含很多分类以及构成部分，国家竞技体育文化以及世界竞技体育文化都是竞技体育文化包含的内容。

科学、深入地研究以下几个方面对竞技体育文化的发展、创新以及可持续发展都有很大的积极影响。在现阶段，学界针对竞技体育文化的研究主要集中在以下几个方面：

## 一、关于竞技体育文化内涵的研究

我国很多学者都对竞技体育文化的内涵进行过深入研究，同时部分学者先后获得了研究成果，如学者李龙和陈中林指出，现代竞技体育文化的内容在于多项元素的和谐，如人内在的和谐、人和外在自然界的和谐、人际关系的和谐。李龙与陈中林在撰写的文章中指出，造就和谐的人的个体，就应当设法使个体拥有良好的身体素质、健全的人格品质、积极向上的世界观与人生观、妥善处理个体与环境关系的能力。人和自然的和谐是指要同时关注人类和自然，想方设法促使人和自然携手，生物和非生物共同进步，以往和当前充分统一，当前和今后密切沟通、时间和空间相互协调。人和人之间的和谐就是人们维持公平、公正的关系，所有人具备的权利和承担的义务都是对等的，从全局来看不存在根本利益冲突，个体之间在有一些利益冲突的情况下，往往能产生相互激励、相互推动、相互依托的人际关系。就竞技体育文化本质的问题而言，学者们提出的见解是竞技体育是一种社会文化模式，其文化成因是广大群众由于工业化发展形成的社会需求被满足。学者李龙和黄亚玲也在他们发表的论文《竞技体育文化的动态和谐内涵阐释》中分析和探讨了竞技体育文化的和谐内涵，其中关键性的内容是体育应当和德育、智育、美育和劳动教育保持相互协调的关系，从而以更高的效率达到共同培养全面型人才的目标。竞技体育作为体育尤为关键的表现形式，凭借自身别具一格的文化特征塑造着人类的身体和心理和谐、人类的人格和谐、个体和环境的多方面和谐。但必须重申的是，这种和谐仅仅是在具备特定条件下的相对和谐，还存在一定的动态过程。

## 二、关于竞技体育文化特征及价值的研究

竞技体育文化特征及价值是对其加以研究的内容中不可替代的课题。因为竞技体育文化和其他体育文化的特点和价值存在或多或少的差异，所以应该引起人们的高度重视。基于这种情况，很多学者对竞技体育文化特征及价值展开了深入研究并归纳出了不少很有价值的观点。

学者李萍美和孙江在发表的《对竞技体育文化特色的研究》一文中从西方竞技体育文化的视角来发现和探究，他们找出了西方竞技体育发展成现代主流竞技运动项目的原因，即西方竞技体育原本就拥有能被广大群众接受的特征和价值。分析可知，东方国家的传统体育显然不具备这些特征与价值，所以发展至今仅有一小部分竞技项目得到国际认可。由此可见，这两位学者表达了只有积极借鉴并有选择性地吸取西方竞技体育文化特色，才能对民族传统体育发展产生正面影响的观点。

学者江涛和熊焰在《竞技体育文化特征探析》一文中归纳了相关问题，竞技体育是独特的体育文化现象，将竞技体育文化当成内核的奥林匹克运动超越了一般体育文化的范畴，逐步演变成为社会发展的主流文化，这不仅显著反映了竞技体育文化的特殊性，还详细说明了竞技体育文化的特征表现在活动主体、活动内容、活动方式形成过程中的多样性、规则性、渐进性、选择性和功利性等几个方面。

学者张恳和李龙在发表的《我国现代竞技体育文化的特征》一文中同样深入阐析了这一问题，现代竞技体育文化是一种同时包含精神文化、礼仪文化、健身文化、道德文化的多元特征与价值的体育文化。

学者林萌在发表的《论竞技体育文化的价值及发展趋势》文章中，着重分析并探究了竞技体育文化的价值，表述了竞技体育文化的教育价值、经济价值、娱乐价值的作用、意义和今后的发展走向。

另外，张连江和李杰凯在《全面小康社会与绿色体育文化建设的广义进化论阐释——兼论竞技体育文化建设中的价值观问题》一文中拓展性研究了竞技体育的特点和价值涉及的相关问题，具体阐述到：就竞技体育领域出现的各种类型的不良行为倾向，指出其本质是价值观与评价体系出现扭曲与偏离，深入分析了造

成价值体系"逃离"趋势以及竞技运动文化生存空间缩减的后果。详细论述了体育系统反腐败的深远意义，就构建"绿色"体育文化提出了加大对体育发展战略的研究力度；构建和我国国情吻合的发展目标；大力治理体育文化灰色污染；进一步增强体育为人民服务的法规建设；适度增加对政府体育主管部门的监督力度等。

## 三、关于竞技体育文化公平发展的研究

就竞技体育文化公平发展的研究来说，学者范素萍在《重塑体育公平竞争的理念》一文中解释道：体育竞赛中应当深刻领会并重视公平竞争的必要性和重要性，想方设法凸显体育竞争过程中公平竞争的基础性要求。要进一步增大对体育道德的建设力度，培养优良的道德品质；为各项法规的权威性和警示性提供保障；进一步增加监督力度，设法使竞赛环境更加纯洁；调整和优化奖励机制，带动广大群众见贤思齐。

学者刘湘溶和刘雪丰在《竞技体育比赛中的欠公平状况及其合理性评判》一文中认为，竞技体育赛事的核心是公平精神，现阶段有关竞技体育赛事不公平的情况越来越多，具体表现为比赛场上使用的器械，比赛开始前的训练与比赛过程中的竞技竞争均充分说明竞技体育的公平性还有待进一步增强，产生这些不公平现状的关键原因是这些现状在现阶段的不合理性以及判断标准，这应当引起相关人士的高度重视，相关人士应当尽最大努力在竞技体育竞赛中充分凸显竞技意义以及公平的竞技体育伦理观，才能为竞技体育可持续发展提供保障。

## 四、关于竞技体育多元化发展的研究

从根本上说，竞技体育的多元化发展被学术界称为"竞技体育的异化发展"。学者焦现伟、闫领先和焦素花在《关于竞技体育异化理论的探究》一文中就该现象提出的见解是：竞技体育是由人类凭借自身力量创造并发展的，由创立游戏、比赛规则发展至竞技的对抗，竞技体育在实现社会化的过程中难免会产生和人类初衷相违背的异化问题。科学技术的进步是永恒的，但被利欲驱使，在竞技运动中通过科学技术作假以及摧残人性的异化行为是违背科学的。

学者徐红萍在《关于竞技体育异化问题的探究》一文中阐述，在市场经济日

益完善以及发展深度不断加深的背景下，竞技体育的发展方向正在逐步面向商业化与职业化，在经济的诱导作用下，竞技体育的异化问题表现得越来越显著，成为现阶段制约竞技体育运动发展的关键性因素。在解决竞技体育异化问题时，应当立足于理论展开深入分析，该文章将竞技体育异化的概念设定为着手点，广泛搜集并归纳了竞技体育异化的现象，同时深入分析形成的具体原因，密切联系，为实际状况提出了针对竞技体育异化的具体策略。

学者庞建民、林德平和吴澄清在发表的《对竞技体育中异化现象的分析与研究》一文中认为，竞技体育异化已经发展成阻碍和危及竞技体育发展的毒瘤，所以分析并探究竞技体育异化的相关问题有很大的必要性。在竞技体育今后的发展道路上，一定要深刻认识到体育异化现象的重要性，全方位分析出现这种现象的原因，由此提出处理竞技体育异化的基本思路：大力传承并弘扬人文精神，促使竞技体育回归本质；适度削弱竞技体育的政治功能；合理引导商业化，尽全力构建积极向上的竞技体育环境。

学者杨杰和周游在发表的《论竞技体育的观念及其异化》一文中就有关问题展开了阐述，竞技体育的观念反映在竞技体育的精神境界中，具体是指运动员之间情谊、运动员的爱国情怀、运动员在运动竞技方面的审美水平。在抽象的国家观念以及市场经济功利原则下，竞技体育的观念从某种程度上来说产生了异化。竞技体育观念已经演变成体育事业快速发展的基础条件。

# 第三节　影响竞技体育文化发展的主要因素

## 一、政治因素对竞技体育文化发展的影响

自竞技体育形成以来，就和政治之间有着不可分割的联系，竞技体育运动是在具备特定政治基础以及社会经济基础的前提下形成的，政治因素与经济因素都会对其产生很大的影响力与制约力。竞技体育运动正是在这种环境下持续发展的。

竞技体育和政治之间存在着相互影响、相互作用的关系，特定历史阶段的社

会政治需求往往会对竞技体育的性质与目的产生很大的约束力。然而就当今社会而言，竞技体育作为一种文化现象已经得到社会各界的肯定和支持，同时服务于整个社会，所以深受政治的青睐。在这种社会背景下，竞技体育逐步演变成政治社会化的一种重要方式。对于参与国际赛事的每一个运动队而言，都是代表一个国家比赛，最终获得的荣誉和成绩也和国家有着紧密的联系。在现代竞技体育条件下，在国家民族尊严被充分激发的背景下，竞技体育成绩获得了前所未有的彰显，观众情绪也在随着竞技成绩的变化而变化。这些方面都是政治因素对竞技体育产生的影响。

发展到今天，竞技体育运动的总体发展水平已经演变成判定一个国家综合实力的标准之一，可以充分反映出来一个国家或民族的地位，所以这就牵涉到国家在世界上占据的政治地位。对于一些大型国际比赛来说，竞赛中的每一次取胜都会激发国家或民族的自豪感和爱国情。

## 二、经济因素对竞技体育文化发展的影响

经济影响竞技体育文化的因素主要包括两个方面：一方面，社会经济为竞技体育自身的发展注入动力；另一方面，竞技体育本身可以产生很大的经济价值，可以加快社会经济的发展速度。经济因素对竞技体育产生的影响反映在以下四个层面：

### （一）社会经济为竞技运动的发展提供了必要的设施及条件

在奥运会的多重影响下，主办城市会适度增加对市政基础设施、体育设施、体育场馆等的建设力度，购置体育器材，建设体育场馆都离不开巨额资金的投入，没有一定的经济基础发挥支撑作用，其结果无法想象。

### （二）社会经济基础是竞技体育发展的保障

就奥林匹克运动来说，现代奥林匹克运动深受社会经济的制约。1896 年，举办第一届现代奥运会时就遇到巨大的经济问题，为了在短时间内筹集到充足的资金，希腊鼓励社会各个阶层踊跃参与募捐活动，为首届奥运会的顺利开展筹集了充足资金。

全面分析奥林匹克运动的发展历程，能够发现现代奥林匹克运动在市场经济渗透下的发展历程。这再一次证实经济因素对奥林匹克运动发展状况产生的作用。

### （三）竞技运动的结构和手段受到社会经济发展水平的制约

对现代竞技体育运动的发展历程，经济因素发挥的作用着重反映在运动器材、运动场地、运动设备、运动服装等层面，如参与竞技体育赛事的优秀运动员，会在科学仪器和科学训练方式的协助下，取得预期的比赛成绩。

### （四）竞技运动的规模和水平受到社会经济发展水平的制约

人类文明的发展离不开竞技的作用以及推动力，这是客观发展规律，也和竞技体育运动的发展是相同的。要想推动竞技体育运动朝着更好的方向发展，就一定要有稳固的经济基础作为支撑。

## 三、科技因素对竞技体育文化发展的影响

纵观现代竞技体育运动的发展历程可以看出，科技因素对其产生的作用越来越显著，如今高水平的体育赛事若想被广大群众所熟知就离不开电视、电脑网络等科技手段。

现代大型体育运动会同样需要科学指导，需要使用科技产品和科技设备来确保赛事顺利开展。科技的快速发展使得竞技体育运动的发展反映出大众化趋势，同时为竞技体育增添了很多消费色彩，这里提及的变化在现代社会中表现得最为显著。

众多事实证明，现代竞技体育运动成绩的比拼已经慢慢转变成多学科科研人员的"幕后操纵的科技之战"。每一项运动记录的产生，都包含诸多的科技要素。科技与体育的结合推动着竞技体育向"更高、更快、更强"的方向发展，反过来也同时刺激着科学技术的不断创新与发展。

综上可知，竞技体育能促使人与人、国与国之间的交往变得更加紧密，也使得科技发展的动力得到一定程度的增强。竞技体育与科技发展之间相互联系、相互影响，共同促进。可以说，发明的通信设备，运用的先进技术手段也都是从科技发展来的，也只有在科技的影响下，竞技体育运动的设备、场地、服饰等才能将自身的价值得以显示出来。

从整体来看，科技承载的责任不单单是给予竞技体育科学意义的伸展，更加关键的是凭借体育这个平台深入探究对时代的体育价值。

# 第四节　竞技体育文化的发展方向与途径

## 一、竞技体育文化的发展方向

### （一）竞技体育文化中激发"享受体育"的发展方向

竞技体育是人类对自身运动能力发出的挑战，是人类对健康和美的强烈向往以及不懈追求，是人类现代文明发展进步的窗口之一。在这种理念的影响下，竞技体育存在的意义不再只局限于获得更满意的比赛成绩。与此同时，竞技体育文化同样需要向"享受体育"的方向发展。"享受体育"的内容涉及很多方面，可以是运动员在比赛场地上享受比赛的过程，可以是裁判员在比赛场地外享受指导比赛的过程，也可以是在比赛场地周边观看比赛的观众欣赏体育比赛的过程。

就追求竞技体育的运动员而言，最终只有一个人或者一支队伍可以攀登高峰，绝大部分竞技体育运动的参与者都会成为名次上的失败者，部分运动员可能会倾注一生的精力来攀登巅峰但并未登上领奖台。没有登上竞技体育巅峰的运动员可能是名次方面的失败者，并不能说他们从事竞技体育事业是不正确的选择。竞技比赛有赢有输，但获得成功或失败的运动员都会得到成功带来的愉悦感以及失败带来的经验和教训。在竞技体育的比赛场上会有很多高水平运动员参与竞赛，比赛结束后都会获得其他人没有的人生经历以及感触。由此可见，对于比赛中成功和失败的双方，这些经历与感动都是他们一生不可替代的珍贵经验。由此可以得出，竞技体育文化的发展必须灵活拓展"享受体育"的发展方向，这具有很大的必要性，它不但能对体育运动参与者带来很大的价值，还能加快体育文明的发展与进步。

### （二）竞技体育文化中坚持"人文理念"的发展方向

在竞技体育文化的各个发展环节，坚持人文体育理念的发展方向同样是一项必须要达到的要求。人文体育理念不仅是 21 世纪竞技体育的重要价值观，还是社会持续进步的助推剂，促使人类获得全面发展是竞技体育事业的终极发展目标。人文体育理念具体反映为，个体均衡发展是不断提升自身生存机会的过程，从全局展开分析，健康、长寿、获得优质教育、生活幸福指数高是人类发展的重要指标。

竞技体育文化坚持人文体育理念的发展方向，是遵循社会发展规律的具体表现，是对科学发展观的贯彻与落实，是针对构建社会主义和谐社会提出的崭新路径。要想促使人们深刻领会人文体育理念的要义，确保竞技体育发展始终把发展核心定位成社会发展以及个体全方位发展，坚持"以人为本"能为竞技体育文化的发展过程注入巨大的动力。要想方设法使广大群众深刻理解坚持参与体育锻炼的意义，如预防各类疾病、提高自身免疫能力、提高工作效率和学习效率、愉悦身心、提高生活品质等。与此同时，加大对运动员的人文关怀力度同样有很大必要，在训练过程中应当有意识、有目的地对运动员实施科学知识教育，采取多种途径提高运动员的自学能力和整体素质，确保运动员可以在训练与比赛中清晰辨识各种利害关系，坚定不移地遵守竞技体育比赛规则，建立健全运动员退役后的保障体制，减少运动员的后顾之忧，从而保证运动员能够把全部时间和精力投入训练和学习中。人文体育理念提出，运动员和体育锻炼者都有必要科学利用体育发展自身，在体育中找到快乐，采取多种途径使得自身的身体素质和心理素质都得到大幅度提升。

在竞技体育文化的各个发展环节，坚持人文体育理念的发展方向有助于吸引专家和学者将更多时间和精力分配在研究竞技体育文化的工作中，使得我国人文体育领域的研究更加丰富，在积极引进国外人文体育理念时，还要想方设法完善和充实我国体育文化理论研究体系。

## 二、竞技体育文化的发展途径

### （一）坚持"以人为本"的发展策略

人对竞技文化发展历程发挥着至关重要的作用，所以在竞技体育文化的发展历程中有必要遵循"以人为本"的发展理念，积极采取和落实"以人为本"策略。

　　发展竞技体育文化时选用的所有措施与手段都应当充分适应社会主义市场经济体制的改革与创新，在各个环节都牢牢坚持"以人为本"的科学发展方向。竞技体育发展的终极目标是有效强化全民参与体育运动的意识，全面带动全社会的体育运动风尚，进一步强化人民的体质，从根本上提升国家的凝聚力，推动我国和世界各国和平相处。由此可见，在竞技体育文化的发展历程中不单单要坚持增加市场效益与经济效益，还要尝试加快竞技体育活动参与者的全面发展速度。在培养运动员的过程中，要组织并引导学生适当增加学习其他文化知识的时间，全面贯彻与落实"知识文化水平和竞技体育成绩"共同进步的培养理念。在确保运动员自身的知识文化水平有所提高后，才能保证运动员在训练活动中深刻领会人的权利和义务，为其退役后适应社会奠定基础。

### （二）坚持可持续科学的发展

　　竞技体育文化在发展的过程中还要坚持全面、协调的科学化发展理念。竞技体育文化的全面、协调发展，就是要摆正竞技体育事业在国家经济与社会发展中的地位，要处理好竞技体育事业自身各种功能、各个构成因素之间的关系、还要处理好竞技体育事业与社会其他组成部分之间的关系。

　　要想实现中国体育强国的战略目标，就必须促进中国体育事业全面、协调发展，不放松体育事业发展的各个环节。要促进中国体育事业与国家重大方针政策、经济建设、政治建设、精神文明建设等各个方面协调发展；在巩固和发展竞技体育运动的同时，还要注重大众体育、学校体育、社区体育的共同发展；在社会发展水平低、经济条件落后的地区，要采取一定的措施和手段加强人们对竞技体育文化的认识，加大农村偏远地区体育事业的发展。这样才能推动我国体育事业全面、协调的发展。

### （三）坚持人与自然的协调发展

　　牢牢坚持人和自然协调发展同样是竞技体育文化发展过程中应该坚持的一项原则。在确保竞技体育文化可持续发展时，还必须牢记保护大自然的使命。竞技体育是人类社会生活的组成部分之一，竞技体育在发展过程中不可避免地会对周边城市的生态环境产生负面影响。例如，要想有序开展大规模的体育比赛，就不

体育卓越发展研究

得不修建大面积的场馆，充分准备必要的设施与设备。当前，竞技体育破坏自然环境的问题得到不同领域的关注和思考，同时多个领域已经开始采取措施维持人和自然环境的协调发展。

### （四）坚持与国际社会的共同发展

从全局分析，竞技体育文化的发展具有多元化特征和多样化特征，已经不再局限于闭门造车式的发展，此外，还有必要密切关注世界竞技体育发展的节奏并试图成为参与者和发展者。

应仅维持和提高这些运动项目的成绩，还应当采取多种途径扩大这些项目的推广范围与普及范围，进一步强化和世界其他国家的沟通及交流。就网球运动、台球运动、冰雪运动等潜在的优势项目而言，我国应当以积极主动的态度学习并吸取其他国家的成功经验，促使我国竞技运动项目的整体水平持续提升。

# 参考文献

[1] 马宏俊. 体育强国建设中依法治体的路径研究 [J]. 成都体育学院学报，2022，48（02）：6-17.

[2] 赵富学. 体育成为中华民族伟大复兴标志性事业的要义指向、释析理路与推进方略 [J]. 中国体育科技，2022，58（01）：3-11.

[3] 鲍明晓. 新发展格局下体育发展的新理念、新动能、新模式、新机制研究 [J]. 体育科学，2022，42（01）：3-14.

[4] 戴琛. 新时代体育强国建设背景下长沙市芙蓉区社区体育发展研究 [D]. 长沙：湖南师范大学，2021.

[5] 李立平. 新时期体育强国建设的现实困境和实践路径探究 [J]. 科技资讯，2021，19（29）：188-190.

[6] 王家宏，韩春利. 中国特色体育学科体系的构建与完善 [J]. 上海体育学院学报，2021，45（08）：1-10.

[7] 黄一冉. 基于体育强国理念的央视体育 APP 传播策略研究 [D]. 南京：南京体育学院，2021.

[8] 孔令奎. 体育强国视域下菏泽武术文化传承与发展模式研究 [J]. 体育科技，2021，42（03）：58-59.

[9] 王超然. 新时代我国体育外交发展策略研究 [D]. 长春：东北师范大学，2021.

[10] 郑传锋，王威，张茜. 体育强国建设背景下土家族武术文化发展研究 [J]. 武术研究，2021，6（04）：10-12.

[11] 王智慧，赵妍，高一兵. 体育强国：以关键词为视角的学术思想史叙事 [J]. 体育与科学，2021，42（02）：1-11，22.

[12] 罗帅呈，张艳红.体育强国视野下西方学者对中国体育发展的认识与启示研究 [J].江西社会科学，2019，39（12）：233-239.

[13] 刘健，张茂林，张锋，等.体育强国视野下中国篮球文化建设论略 [J].齐鲁师范学院学报，2011，26（05）：99-103.

[14] 孙妍.体育强国建设进程中竞技运动项目文化的责任与使命 [J].当代体育科技，2020，10（22）：73-74，77.

[15] 张建玉.体育强国视野下我国民族传统体育文化传播研究 [J].喀什大学学报，2020，41（03）：87-91.

[16] 杜薇.体育强国的内涵及指标构建 [D].广州：广州体育学院，2020.

[17] 张嘉信，雷军蓉.新时代民族体育文化自信建构的动力、困境与路径 [J].河北体育学院学报，2020，34（03）：85-89.

[18] 舒盛芳，朱从庆.中国特色社会主义体育进入新时代的基本含义解读 [J].沈阳体育学院学报，2020，39（01）：45-53.

[19] 常益.大学体育的思想政治教育功能研究 [D].长春：东北师范大学，2019.

[20] 崔乐泉，林春.基于"文化自信"论中华传统体育文化的传承与发展 [J].北京体育大学学报，2018，41（08）：1-8，16.

[21] 徐萌，石牙牙.体育强国视域下武术文化价值审视 [J].四川体育科学，2018，37（03）：24-27，76.

[22] 陈国华.文化强国背景下的中华体育精神弘扬研究 [D].南昌：东华理工大学，2018.

[23] 梁明.新时代中国特色社会主义体育强国建设研究 [D].长春：吉林大学，2018.

[24] 程文广，罗嘉司，夏一冰，等.体育强国梦下我国体育文化价值审视 [J].体育文化导刊，2017（10）：7-11.

[25] 周婷娜.民俗体育文化在我国体育强国进程中的必要性研究 [J].体育文化导刊，2017（02）：25-28.

[26] 刘彬，黄滨.论体育强国的文化自觉 [J].首都体育学院学报，2015，27（06）：505-507.

[27] 冯宝忠.中国迈向体育强国途径的研究 [D].苏州：苏州大学，2012.

[28] 黄聚云 . 体育强国建设中的文化安全命题 [J]. 上海体育学院学报，2012，36（03）：7-13.

[29] 肖杰 . 论文化软实力视域下的体育强国构建 [J]. 体育与科学，2012，33（02）：91-94.

[30] 郑宝通 . 我国建设体育强国基本理论的分析研究 [D]. 郑州：郑州大学，2011.